현장 사례로 알아보는
# ESG 비즈니스

**도현명** 지음

netmaru

E

S

현장 사례로 알아보는
**ESG 비즈니스**

G

**도현명** 지음

netmʌru

# 서론
## GETTING IN

2010년, 창업하고 얼마 지나지 않아서 CSR과 ESG에 대한 보고서를 리뷰할 때 한 후배가 물었다.

"형, 이런 세상이 오려면 몇 년이나 걸릴까요?"

그때는 사실 거기까지 생각해 보지 못한 질문이었다. 그래도 창업하는 마당에 불안하거나 불투명한 이야기는 할 수 없어서 대강 5년이면 그런 날이 오지 않겠냐며 웃었던 기억이 난다. 그리고 그 예측보다는 늦었지만, 2020년 말이 되었을 때 국내에도 드디어 ESG와 관련된 강력한 흐름이 들이닥쳤다. 곳곳에서 ESG와 관련된 기사와 발표가 줄을 잇고, 하루가 멀다 하고 세미나와 콘퍼런스가 열린다. 대기업 위주로 흘러가던 사회적 가치 관련 논의가 이제는 중견기업과 심지어 규모가 있는 스타트업에까지 확산되고 있다.

이런 흐름은 기대하고 기다렸던 만큼 기쁜 일이다. 그러나 제대로 시작한 일도 없이 곳곳에서 우수사례라며 수상하기 시작했다. 마치 아이스크림 광고 같은 ESG 캠페인이 사방에서 흘러 나온다. 여기에 편승한, 소위 수많은 전문가들은 급한 마음을 가지고 있는 기업들에게 이리저리 혼란을 준다. 아직 해본 것도 없는 우리나라에서 벌써 ESG 워싱 논란이 나올 정도다.

사실 이런 워싱은 지금 처음 보는 것이 아니다. CSR Corporate Social Responsibility(기업의 사회적 책임), CSV Creating Shared Value(공유가치 창출), 지속가능경영 등 어떤 개념을 가져다 붙여도 국내 기업들은 늘 이렇게 반응해 왔다. 그래서 한편으로는 익숙하기도 하고, '어차피 그럴 기업이라면 그렇게 뭐라도 하는 것이 낫지 않을까?' 하고 생각할 때도 있다. 하지만 ESG는 그전과는 다르다. 본질적으로 비가역적이고, 어떤 기업도 피하기 어려운 흐름이다. 그렇기 때문에 잘 대응하지 못하면 반드시 위기가 온다.

이미 ESG와 관련된 여러 권의 책이 출간되었음에도 불구하고, ESG의 기본 내용을 다룬 책을 만들어 보자는 제안에 기쁘게 응할 수 있었던 것은 바로 그 위기의식 때문이었다. 기존과는 다르게 반응하고자 노력하는 기업에 이 책이 조금이라도 기여하기를 바란다. 아인슈타인은 '미친 짓 Insanity'이란 '똑같은 일을 반복하면서 다른 결과를 기대하는 일'이라고 했다. 기업이 기존과 똑같이 움직이면서 위기를 극복하고 기회를 맞이하는 ESG의 참된 모습을 보여주는 것은 불가능하다.

그럼에도 불구하고 약 12년 전 근거 없이 기대했던 그 변화의 시기가 이제 도래했으니, 작더라도 근본적인 혁신을 만들어 갈 새로운 기대를 품을 때가 된 것 같다. 그래서 이 책은 기본적인 설명을 하는 데 있어 약간의 엄밀성을 희생하더라도 독자의 이해도를 높이기 위한 목적에 초점을 맞추어 서술했다. 새로운 접근법이나 최근에 떠오르는 전략에 대한 논의보다는 기본과 실천에 기반을 두기 위해 노력했다. 아무쪼록 누군가의 분명한 한 걸음에 힘을 더할 수 있길 기대한다.

# Contents

## PART 1

Environmental

Social

Governance

# ESG란 무엇인가

# ESG란 무엇인가

ESG란 환경E, Environment, 사회S, Social, 거버넌스G, Governance 의 앞 글자를 따온 단어로, 기업이 지켜야 할 대표적인 가치 세 가지를 말합니다. ESG란 단어가 이렇게 대중화된 것은, ESG를 고려하지 않는 기업은 더 이상 비즈니스 측면에서도 지속가능하지 않다는 신호가 일반 대중이나 시민사회, 정치권은 물론, 투자사와 같은 금융기관에서도 나오면서, 이는 기업에게 '필수 과제'가 된 것을 보여줍니다. 과거, 이런 원칙은 사회적기업 등 이른바 '착한 기업'으로 불리는 일부 기업에만 해당하는 것으로 여겨졌지만, 최근 몇 년 사이 기업이 단순히 이익만 추구하는 곳이 아니라는 인식이 전 세계적으로 널리 퍼지면서 그를 판별하는 대표적인 척도로 꼽히는 ESG가 크게 주목을 받았습니다.

# 왜, 지금 ESG인가

그렇다면 왜 이런 인식이 퍼진 것일까요? 기업이 자신이 속한 공동체에 책임감을 느껴야 한다는 점은 어떻게 보면 당연한 상식일 테지만, 요즘 들어 더욱 주목을 받는 이유에 대해서 알아보려 합니다. 이를 위해서는 ESG가 발전해 온 기본 역사를 파악하고, 기본 개념을 정의해야 합니다.

먼저, ESG가 중요한 의제로 급부상한 이유를 이해하기 위해서 이런 질문을 던져 보면 어떨까요?

"왜 기업들이 '**사회문제**'에 대해 관심을 가질까?"

바로 답하기는 어려울 것입니다. 그렇다면, 최근 가장 크게 주목받은 우리 사회의 문제가 무엇인지 생각해 봅시다. 대표적으로 COVID-19가 있습니다. 전 세계 사람들이 전염병 하나로 커다란 고통을 겪고 있습니다. 그뿐만이 아닙니다. 기후 변화와 지구온난화가 심해지고, 바다와 땅이 오염되고 있는 것도 큰 문제이며, 빈부격차 또한 큰 문제입니다. 인종차별 문제도 큰 논란이었습니다. 많은 사람이 이러한 사회문제가 운 없는 다른 누군가의 문제가 아니라 나의 일상생활에까지 영향을 미친다는 것을 깨닫기 시작했습니다.

기업도 마찬가지입니다. COVID-19의 확산으로 매우 많은 기업이 비즈니스에 타격을 입었습니다. 대표적으로 항공업, 관광업 등이 타격을 입었습니다. 이러한 상황을 겪으면서 개인과 마찬가지로 기업 또한 사회문제가 발생하면 기업의 비즈니스가 위험해지고, 불안정해진다는 것을 깨달았습니다. 미디어나 통신의 발달로 점차 많은 사람에게, 나아가 기업에게

'사회문제가 곧 개인의 문제가 된다.'는 인식이 오랜 시간 동안 쌓이면서 변화가 시작된 것입니다. 이것이 ESG 급부상의 첫 번째 배경입니다.

두 번째 배경은 MZ세대의 급부상입니다. MZ세대는 1980년대 중반부터 2000년대 초반에 태어난 2~30대 청년층을 말합니다. 소비자로서 MZ세대는 고유한 특성을 가지고 있습니다. 이들은 특정 상품이나 서비스를 구매할 때, 해당 상품이나 서비스 자체뿐만 아니라 그에 대한 다른 사람의 평가에도 매우 민감하게 반응합니다. 또한, 단순히 제품의 질 외에도 서비스를 제공하거나 제품을 만드는 기업이 얼마나 진실한 정보를 공개하고 있는지, 소비자의 피드백에 얼마나 적극적으로 대응하는지도 중요하게 따집니다. 즉, 사회문제에 대해 매우 많은 관심을 가집니다.

물론 기성세대가 사회문제에 관심을 가지지 않는다는 뜻은 아닙니다. 그러나 기성세대와 MZ세대는 관심을 두는 사회문제가 서로 다릅니다. 기성세대는 사회문제라고 하면 주로 빈곤, 노인 복지, 아동 교육 등의 문제를 떠올리지만 MZ세대는 환경, 젠더, 반려동물 문제에 큰 관심을 보입니다. 또, MZ세대는 기업이나 정부 등 해당 사회문제에 책임이 있는 주체에 대한 대응 방식도 다릅니다. 이들은 기업에 "어떤 식으로 자사 제품 생산이나 포장 과정에 나오는 쓰레기 문제를 해결하려고 노력하고 있나요?", "동물 실험 여부를 밝혀주세요. 하지 않는다고 답한다면 근거는 뭔가요?"라고 하며, 관련 정보를 투명하게 공개하길 원합니다.

이외에도 기업이 MZ세대가 가져오는 변화에 신경 쓸 수밖에 없는 이유가 또 있습니다. 이들이 바로 기업을 이끌어 갈 임직원이 되고 있다는 것입니다. 대표적인 예가 글로벌 기업인 아마존Amazon 입니다. 지난 2019

년 아마존은 '탄소 중립'을 선언했습니다. 그런데 이 과정에는 우리나라 문화에서 보기에 색다른 면이 있었습니다. 일반적으로 국내 기업이 경영에 중대한 영향을 미치는 선언을 한다면, 그 의사결정 과정은 어떠할까요? 대부분 회장이 임원에게 "이렇게 하자."라고 해서 추진하는 탑-다운Top-Down 방식을 예상합니다. 하지만 아마존은 그러지 않았습니다.

아마존의 직원들 중 테크노동자연합Tech Workers Coalition에 가입한 1500명은 시위에 참여하고 기후파업을 예고했습니다. "탄소 배출 저감 정책을 세우지 않으면 우리가 회사를 다 그만두겠다!", "탄소를 어마어마하게 배출하는 회사에 더는 부끄러워서 다닐 수 없다."라고 말했습니다. 이는 마이크로소프트, 구글, 페이스북에도 유사하게 작용했습니다. 기업의 내부에서도 탄소 배출 저감에 대한 압박이 생기자 좋은 인재를 확보하기 위해서는 달라져야 한다는 경각심을 가지게 되었습니다. 기업이 지속적인 발전을 하기 위해서는 더 좋은 인재가 계속해서 들어와야 하고, 이들을 끌어오기 위해서는 단순한 금전적 보상이 아니라 사회적 가치 측면에서 부끄럽지 않은, 자랑할 만한 기업이 되어야 한다는 것을 깨닫게 된 것입니다.

직원뿐만 아니라 투자자로서의 MZ세대는 더욱 명확한 요구를 합니다. 당장 눈앞의 수익성뿐만 아니라 자신의 가치와 잘 맞는 기업에게 투자하고 싶어 하는 사람이 늘고 있습니다. 전 세계적인 자산가나 거대 기업의 2세, 3세가 투자를 할 때, 그러한 기준을 내세우는 일이 늘고 있습니다. 이는 패밀리오피스Family Office 관계자 대부분이 공통으로 하는 이야기입니다. 이렇게 사회 각 분야의 주역으로 등장한 MZ세대가 사회적, 환경적 가치 등을 중시하면서 기업에도 큰 압박을 주고 있습니다.

이러한 변화는 금융계에도 나타나기 시작했습니다. 국내의 가장 대표적인 사례는 한국전력공사입니다. 2020년 한국전력공사의 실적은 그 전과 달리 나아지고 있었습니다. 여러 이유가 있을 수 있지만, COVID-19로 사람들이 주로 집에 머물면서 가정용 전기 사용량이 늘어난 것도 중요한 이유였습니다. 가정용 전기 요금은 산업용이나 농업용에 비해서 수익성이 좋은 편이기 때문입니다. 재무적 가치만 고려하면 몇년만에 영업이익이 흑자로 돌아설 수 있다는 판단이 생겼습니다.

그런데 이러한 상황에도 불구하고, 약 754조 원(6,680억 달러) 규모의 네덜란드 공적 연금을 관리하는 APG는 자신들이 갖고 있던 한국전력공사 주식 전부를 팔아 치웠습니다. 기업의 실적이 좋아지고, 또 앞으로 상승할 여력이 높다고 판단하면 해당 기업의 주식을 추가 매수하거나 유지하는 것이 정상일 텐데, APG는 정반대로 행동했습니다.

APG가 공식적으로 밝힌 한국전력공사 주식 매각의 이유는 단 하나입니다. 한국전력공사가 지속적으로 동남아시아 석탄 발전에 투자하고 있다는 것. APG는 주주로서 석탄 발전을 중단하라고 계속해서 압박했으나, 한국전력공사가 이를 무시하고 석탄 산업에 투자하거나 직접 나섰다는 것입니다. APG는 "탄소 배출 저감에 나서는 글로벌 추세를 무시하고, 석탄 산업에 나서는 기업엔 투자할 수 없다."고 설명했습니다.

이뿐만이 아닙니다. 세계 최대 규모 투자사이자 한국전력공사의 주주 중 하나인 블랙록 BlackRock 도 한국전력공사에 같은 요구를 했습니다.

"해외 석탄 발전에 왜 투자했는지 이유를 설명하라."면서 "납득할 만한 설명을 제공하지 않는다면 지분을 매도하거나 주주권을 행사하는 등의 방법을 찾겠다."고 발표했습니다. 이처럼 돈만 벌어다 주면 기뻐하는 주주만 있는 세상은 끝났습니다. 유사한 맥락에서 세계 최대 석유기업인 엑손모빌의 이사 13인 중 3인이 행동주의 펀드인 엔진넘버원으로 넘어간 것에는 기존 주주인 블랙록과 골드만삭스의 지지가 큰 역할을 했습니다. ESG를 경영 전략에 녹여낸 회사, 그리고 그것을 더 발전시키기 위해 노력하는 회사가 되어야 한다는 압박이 커지고 있습니다.

국제적인 회계기준과 이를 만드는 재단도 마찬가지입니다. IFRS International Financial Reporting Standards (국제회계기준)을 만드는 IASC International Accounting Standards Committee (국제회계기준위원회)는 재무제표에 환경 영향을 재무적 요소로 포함하는 회계기준을 만들고 있습니다. 과거에는 환경적 영향이 재무제표에 들어가 있지 않았지만, 이제는 과도한 환경오염은 부채로 산입하여 해당 기업에 회계적 불이익을 제공하겠다고 밝혔습니다. 이러한 회계기준을 적용하면 환경적 요소에 기여하는 기업은 재무제표도 좋아질 것입니다. 이렇게 재무 회계와 관련된 기준과 투자자가 변화하면서 기업은 ESG를 중시할 수밖에 없는 상황이 됐습니다.

○ ● ○

# ESG의 대두는 유행 아닌 패러다임의 전환

이러한 양상은 하루아침에 생긴 것이 아닙니다. 수십 년간 인류가 겪어 온 경험과 나누어 온 논쟁, 생각이 쌓이면서 이러한 사회가 된 것입니다. '기업과 사회문제'와 관련 깊은 3가지 단어의 구글 검색량 변화 추이를 보면 그 양상은 더욱 명확합니다. 3가지 단어는 '지속가능경영', 'CSR', 'ESG' 입니다.

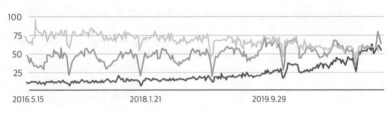

전 세계 구글 트렌드 검색 결과

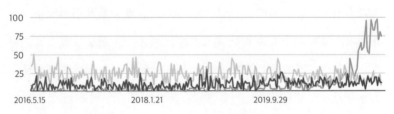

대한민국 구글 트렌드 검색 결과

가장 먼저 눈에 들어오는 것은 ESG의 검색량 상승이 두드러진다는 사실입니다. 2016년에는 ESG에 대한 검색량이 가장 적었고, CSR - 지속가능경영 순으로 검색량이 많았습니다. 그런데 2021년에는 ESG가 주목받으면서, 전 세계 구글 트렌드 검색 결과에서 세 단어의 검색량이 비슷해졌습니다. 특히, ESG의 경우 우리나라 구글 트렌드 검색 결과에서 2020년 말부터 아주 급격한 상승세를 보입니다. 왜 그럴까요?

그 이유는 '골든 크로스Golden Cross'라는 개념에서 찾을 수 있습니다. 골든 크로스는 주식시장에서 자주 쓰이는 말로, 지표가 낮았던 종목이 갑자기 엄청난 상승세를 보이며 지표가 훨씬 높던 종목보다 높은 성과를 보이는 것을 말합니다. 흔히 말해 약했던 종목의 전세 역전을 뜻합니다. 골든 크로스는 여러 요소가 우연히 한 번에 영향을 끼치면서 성장이 폭발적으로 일어나는 경우가 대부분입니다.

ESG가 그런 사례입니다. 소비자가 관심을 가지기 시작했고, 투자자와 임직원도 고민하기 시작했으며, 정책도 바뀌었습니다. 이러한 극적인 변화가 2020년 말 우리나라에서 벌어졌습니다. ESG는 매우 극적으로 성장하여 지금은 전 세계적으로 많은 검색량을 보입니다. 2020년 11월 초 ESG 검색량에 비해 2021년 중순의 검색량은 평균 20~40배의 차이를 보입니다. 이것이 한국의 특징입니다. 특정 정보나 문화를 받아들이는 시점은 늦더라도, 한번 받아들이면 아주 빠르게 적용하고 시행한다는 것입니다.

중요한 것은 이런 흐름을 하나의 유행으로 보는 것이 아니라 '패러다임의 전환'으로 봐야 한다는 것입니다. 전 세계적으로 아주 오랫동안 축적된 변화의 결과이자, 우리나라에서는 골든 크로스의 흐름을 타고 만들어진 큰 기회인 것입니다. 이는 다시 과거로 돌아갈 수 없는 비가역적인 변화라고 봐야 합니다.

실제로 2021년의 발표에 따르면 ESG를 추종하는 펀드, 즉 ESG 요소를 반영하는 펀드 규모가 전 세계적으로 4경 원을 넘어섰다고 합니다. '지속 가능'이라는 관점을 가진 자본이나 투자가 더 이상 소수가 아니고, '주류'가 됐다고 봐야 합니다. 앞서 언급한 세계 최대의 투자사인 블랙록도 매년 "지속가능성, ESG가 중요하다."고 공식적으로 발표하고 있습니다. 매년 초 CEO인 래리 핑크Larry Fink 이름으로 이를 발표했고, 주주에게 보내는 서한에도 "ESG를 고려한 투자를 끝까지 늘리겠다."라고 밝혔습니다. 이러한 흐름 때문에 2030년쯤엔 ESG 관련 투자 자산이 지금의 4배 이상으로 늘어날 것이라고 예측하는 사람도 있습니다.

그렇기 때문에 이러한 변화에 잘 대응할 필요가 있습니다. 환경, 사회, 문화가 모두 바뀌고 있을 뿐만 아니라, 가장 보수적이라고 알려진 금융 산업마저 변하고 있습니다. 이러한 변화에 얼마나 잘 대응하는지가 결국 위기를 기회로 만드는 '능력'의 척도가 될 것입니다. ESG를 제대로 경영 전략에 녹여내는 기업은 기회를 잡을 것이고, 그렇지 않으면 도태될 것입니다. 그러니 모든 기업이 이를 기회로 만들어야 한다는 절박한 고민이 생겨난 것입니다.

## ESG와 평가기준

이 때문에 특히 우리나라에서 가장 많이 나오는 이야기가 'ESG 평가'입니다. ESG를 잘하는 것이 중요하다는 것은 모두가 공감했습니다. 그러면 어떻게 하는 것이 잘하는 것일까요? 이 과정에서 ESG를 평가하여 투자자 등의 이해관계자에게 어떤 기업이 얼마나 잘하는지 보여줘야 할 필요가 생긴 것입니다. 투자자가 기업이 ESG를 얼마나 잘 녹여내고 있는지 평가하고, 투자에 반영하겠다고 압박하고 있기 때문입니다.

그러나 혼동해서는 안 되는 것이 있습니다. ESG 평가를 잘 받는 것을 기업 ESG의 궁극적인 목표로 착각해서는 안 된다는 점입니다. ESG 평가에 적극적으로 참여해 좋은 점수를 받는 것은, 해당 기업이 진정성 있는 사회적 가치 실현을 이뤄 내는 가운데 거쳐 가야 할 하나의 징검다리일 뿐이라는 것입니다. ESG를 회사의 경영 전략에 잘 녹여내는 것이 목표가 되어야지, 특정 평가를 잘 받으려는 것이 기업의 ESG 추구 목적이 되어서는 안 됩니다.

또한, 기업들은 모든 ESG 지표에서 고득점을 얻는 것이 현실적으로 불가능하다는 것을 알아야 합니다. 전 세계에는 약 천여 개의 ESG 평가 모델이 존재하는데, 각 모델의 평가 방식이 각기 다르기 때문입니다. 잘 알려진 MSCI Morgan Stanley Capital International 를 비롯하여, 전문가라고 불리는 사람조차 들어본 적 없는 지표가 매우 많습니다. 그렇기 때문에 많은 지표를 모두 만족시킬 수 있는 기업은 존재할 수 없습니다. 또, 그것을 목표로 삼는 것도 안 됩니다. 기업마다 핵심 비즈니스 모델과 역사가 다르고, 모든 평가 체계는 각자 중시하는 기준이나 방법이 다르기 때문입니다.

그러므로 기업은 평가 대응을 우선순위가 아닌, 거쳐야 하는 필수 과정 정도로 이해해야 합니다. 기본적으로 ESG 정신을 관통하는 것이 무엇인지 이해하고, 자사 비즈니스 모델의 핵심과 맞닿아있는 기준을 정한 후 따져 봐야 합니다. 다시 말하자면 과거에는 수익만 나면 아무도 따지지 않았던 요소 중에 우리 기업이 놓치고 있는 것은 없는지 살펴봐야 하는 것입니다. 예를 들어, E(환경) 요소 중 자사의 핵심 이슈는 무엇인지를 들여다보거나, S(사회)의 관점에서 자사 임직원의 노동 환경은 인간적인지, 인권을 침해하는 부분은 없는지, 기업으로 인해 지역사회에 피해가 있지는 않은지를 따져볼 수 있습니다. G(거버넌스)의 관점에서는 임원진이 받는 임금이 직원의 임금과 너무 큰 차이가 있지는 않은지, 이에 대한 감시 구조는 있는지 등을 평가받게 됩니다. 이 가운데 자사의 '업의 본질'과 핵심 사업 구조, 이슈와 연관된 것부터 풀어나가며 자체적인 ESG 점검 요소를 정하는 것이 좋습니다.

## 산업군마다 기준이 달라지는 E와 S 모두에게 동일한 G

E, S, G 각각의 요소도 따로 들여다 볼 필요가 있습니다. E와 S는 기업의 '업의 본질'에 따라 다른 기준으로 따져 볼 수 있습니다. 즉, 산업마다 기준이 달라진다는 뜻입니다. 석유 사업인지, 프랜차이즈 음식 사업인지, 전자제품 제조업인지에 따라 따져 볼 요소가 달라지기 때문입니다.

그런데 G, 거버넌스는 다릅니다. 모든 기업에게 동일하게 적용됩니다. 거버넌스는 '지배구조'라고 번역하기도 하지만, 실제로는 '윤리적인 의사결정구조'라고 보는 것이 더 옳은 해석입니다. 지배구조는 회사의 지분문제로 그 문제의 범위가 좁아질 우려가 있기 때문입니다. 하지만 거버넌스는 '이 회사의 의사결정이 얼마나 투명하고 건전하게 서로를 견제하면서, 다양성을 존중하는 방식으로 진행되고 있는가?'에 가깝습니다. 그러니 거버넌스는 산업이나 기업마다 다를 필요가 없습니다. 특히 우리나라에서는 거버넌스 이슈가 중요합니다. 바로 재벌 문화 때문입니다. 오래된 기업들은 대부분 오너 가(家)라는 것이 존재하고, 대를 물려가며 경영하는 경우가 많기 때문입니다. 물론 앞서 언급하였듯이 거버넌스는 지분구조만 포함하는 것이 아닙니다만, 재벌 문화가 윤리적인 의사결정 구조에도 좋지 않은 영향을 미치는 경향이 있다는 것도 사실입니다.

이제 E, S, G 세 가지 요소에 대해 자세히 알아봅시다. 먼저, E와 S가 산업군마다 다르다고 한 점에 대해서 알아보겠습니다.

석유화학 기업의 가장 큰 이슈는 무엇일까요? 바로 환경입니다. 석유 산업은 탄소 배출량이 매우 많은 분야이기 때문에, 제품을 만들어 내고 판매하는 과정에서 탄소 저감 노력을 하고 있는지를 가장 많이 따져 봐야 합니다. 업의 본질에서 만들어 내는 가장 중요한 ESG 이슈가 그것이기 때문입니다. 그러므로 석유화학 기업에서는 탄소를 저감하려는 유의미하고 구체적인 노력을 하고 있는지, 그 목표와 계획은 현실성이 있는지가 중요한 평가 기준이 됩니다.

실제로 세계적인 석유 회사 쉘Shell은 2070년까지 탄소 중립을 달성하겠다고 발표했습니다. 그리고 이를 평가할 때는 그 목표가 얼마나 구체적인 계획에 따라 달성되고 있는지도 함께 평가합니다. 구체적인 이행 내용을 보고하라고 평가기관이 요구할 것입니다. 여러 평가 모델마다 구체적인 지표는 다르더라도 석유화학 기업에 대한 공통적인 질문은 '탄소 배출량 관리를 제대로 하고 있는가?', '탄소 배출량을 줄이고 있는가?', '목표가 구체적으로 명시됐고, 이행 방법이 적절하게 마련됐는가?'입니다. 그러므로 특정 평가 지표에 해당 기업 활동을 어떻게 맞출 것인지를 고민할 것이 아니라, 본질적인 '석유 산업과 환경 영향 감소'를 고민하면 됩니다. 그리고 이를 위한 구체적인 목표를 세우고, 그 계획을 철저히 이행해 나가면 대부분의 ESG 지표에서도 좋은 결과를 얻게 될 것입니다.

최근 ESG 관련 온라인 콘퍼런스에서 "ESG와 관련된 흐름이 폭풍 같이 왔다."는 말을 들었습니다. 눈을 뜰 수 없는 사막에 움직일 수도 없게 만드는 모래폭풍이 닥쳤다는 뜻입니다. 폭풍이 너무나 강해 움직임을 제약하고, 생존까지 위협한다는 말도 나왔습니다. 그렇다면, 어떻게 이 모래폭풍에 대처해야 할까요? 아마 모래폭풍이 얼마나 오래 이어질지에 따라 다를 것입니다. 잠시 불고 지나가는 바람이라면 그저 엎드리면 됩니다. 엎드려서 숨을 참고, 천으로 입을 감싸 모래가 들어가지 않도록 막으면서 지나가길 기다리면 됩니다. 그런데 그 콘퍼런스에서 기조연설자는 이렇게 말했습니다. "이 모래폭풍은 절대 잠깐 스치는 바람이 아닙니다. 또한, 모래폭풍이 지나간 뒤의 땅은 완전히 달라질 것입니다."라고 말입니다.

ESG는 몇 달 정도 흔들어 놓을 유행이 아닙니다. '이 시기를 잘 견뎌 보자.', '홍보나 좀 하자.'는 식으로 대응하는 기업이 있다면 정말 잘못 생각하는 것입니다. ESG는 생각하는 것보다 더 거세고 강한 변화의 바람이고, 절대 과거로 돌아갈 수 없는 비가역적인 변화입니다. ESG에 대해 우리가 몰랐던 시기로는 절대 돌아가지 않을 것이고, 앞으로 걸어갈 길도 바뀔 것입니다. 그러니, 그저 지나가기를 기다리기보다는 어떻게 능동적으로 받아들일지를 고민하길 바랍니다. 그것만이 지금, 모든 기업에 해당하는 단 하나의 미래 대비책입니다.

자사의 핵심 비즈니스 모델과 이해관계자를 ESG의 기준으로 따져보고, 장기적인 목표와 구체적인 변화의 계획을 설계해야 합니다. 문제가 없는 것처럼 가리고, 단순한 이미지 마케팅으로 피하려 하지 말고, 지금 당장 수행할 수 있는 일부터 진행해야 합니다. 적극적으로 ESG에 대응해야 미래에 좋은 기업, 더 가치 있는 기업이 될 수 있는 길이 열릴 것입니다. 그 관점으로 ESG를 바라보길 바랍니다.

## 박선하 기자가 묻고, 도현명 대표가 답하다

**박기자**  안녕하세요. 저는 사회적 가치 분야를 취재하고 있는 박선하 기자
입니다. 오늘은 저의 취재원 중에서도 한국 ESG와 사회혁신 분야
에서 가장 내공이 깊은 도현명 임팩트스퀘어 대표님과 함께 ESG
에 대해서 대담을 나눠보겠습니다. 안녕하세요. 대표님.

**도현명**  안녕하세요.

**박기자**  대표님의 말씀 중에 "ESG는 패러다임의 전환이다."가 가장 인상
깊었는데요. 대표님은 일반 대중과도 강연차 많이 만나고, 국내
기업의 임직원과도 많이 만나시잖아요. 정말 ESG에 대한 인식,
즉 패러다임 전환이 일어났다고 보시나요? 그렇다면 얼마나 바뀌
고 있는 건가요?

**도현명**  예, 굉장히 많이 바뀌고 있는 것은 사실입니다. 일단 대부분의 기
업 총수가 하루가 멀다 하고 ESG 관련 발표를 하는 사실이 그것
을 증명하고 있죠. 또, 강의나 세미나를 하러 갈 때, 과거에는 상
무나 전무 등 실제로 일하는 임원이 참석했다면, 요즘에는 CEO나
기업 총수가 와서 관련된 학습을 합니다. 대중도 많이 바뀌었는데
요. 조금 재미있는 기준이긴 합니다만, 실제 현장의 변화를 파악

할 때 아주 중요한 척도가 강남, 분당 등의 학부모에게 오는 연락입니다. ESG가 무엇인지 강의나 과외를 해달라고 말이죠. 물론, 하고 있지는 않습니다(웃음). 하지만 학구열이 높은 지역의 학부모가 움직였다는 것은 사회 주류가 ESG를 중요시하고 배우고 싶어 한다는 가장 확실한 증거가 됩니다.

**박기자** 'ESG를 알아야 사는 데 도움이 된다.'는 것을 가장 발 빠르게 알아채는 사람들이 움직일 정도라는 것이죠? 그런데 제 생각에는 '정말로 기업이 ESG로의 패러다임 전환을 이뤘을까?'라는 의심이 드는 것도 사실입니다. '이익을 내는 것이 중요하지.'라는 인식이 정말 바뀌었는지 모르겠습니다. 어떻게 생각하시나요?

**도현명** 사람의 사고방식이 그렇게 하루아침에 바뀌지 않으니 당연히 아직은 인식이 완벽히 바뀌진 않았습니다. '그러나 ESG가 중요하다.', '잘못 대응하면 기업도 위험해진다.' 하는 식의 진지함이 주류 사회에도 퍼지기 시작했다는 것입니다. 이제 막 생기기 시작하는 단계라고 봐야죠. 실제로 기업이 패러다임의 전환을 이뤄냈다고 보기는 어렵습니다. 큰 변화가 생겨나는 중이라고 보는 것이 옳습니다.

**박기자** 아직 초기 단계이지만, ESG를 잘 실현해야 기업이 지속가능하다고 생각할 정도로 인식이 형성됐다는 것이죠?

**도현명** 맞습니다.

**박기자** 그런데 사실 ESG가 아직 생소하신 분도 많습니다. 그래서 좀 쉽게 알려드리기 위해서, "ESG를 잘 이해하려면, 또는 잘하려면 이 개념 하나는 꼭 챙겨가라." 이렇게 한 마디로 설명해 줄 수 있는 것이 있을까요?

**도현명** 글쎄요, ESG를 한 마디로 설명하는 것은 굉장히 어려운 일입니다. 그럼에도 불구하고 굳이 설명하자면, '과거에는 영향을 주지 않았던 기업의 성품이 현재에는 기업의 가치에 영향을 주기 시작했다.'라는 점에 주목하자는 이야기입니다.

**박기자** '기업의 성품'이라는 말이 굉장히 인상 깊습니다. 그런데 ESG라는 것이 환경, 사회, 의사결정 구조(지배구조) 세 가지 분야로 나누어져 있잖아요. 제가 취재하다 보면 최근에는 환경 분야에 중점을 두고 이야기하는 것 같습니다.

**도현명** 환경 분야가 기업이 다루기 유리한 면이 있습니다. 측정이 쉽고, 눈에 보이죠. 또 전 세계에서 통용되기도 하고요. 보여주기 쉽다는 것이죠. 그러니 기업은 ESG 중에서 환경에 가장 먼저 뛰어드는 경향이 큽니다. 그런데 여기는 주의할 점이 있습니다. 환경문제는 기업 간의 차이를 내기 쉬운 영역이 아닙니다. 나머지 요소인 사회적 영향, 의사결정 구조에도 신경을 써야 합니다.

**박기자** 바로 그 의사결정 구조에 대해서 전문가들로부터 "한국 기업은 특히 의사결정 구조, 지배구조 분야가 좀 약하다."라는 말을 많이 듣게 됩니다. 왜 그런 건가요?

도현명 환경과 사회는 개별 프로젝트를 통해서 개선할 수 있지만, 의사결정 구조나 지배구조는 기업 내부의 작동 방식이나 규정을 바꿔야 하므로 도입하기가 어렵습니다. 기업 내부 구조를 바꾸는 일은 쉽지 않으니까요. 그러나 우리나라 기업도 G를 잘 챙겨야 합니다. 해외 유수 투자자들이 G에 주목하고 있기 때문입니다. 세계 최대 자산운용사인 블랙록은 자사의 보고서를 통해 ESG 중 G에 대한 개입이 전체 개입의 60%에 달한다고 밝혔습니다. 조직의 제도와 구조를 바꾸는 데 그만큼 애를 쓴다는 것이죠. 그리고 환경과 사회 분야를 지속적으로 개선해 나가기 위해서도 의사결정이나 지배구조 개선은 중요합니다. 이런 흐름을 내년, 내후년에도 꾸준히 이어가려면 내부 구조가 바뀌지 않고는 어렵죠. 한국에서도 반드시 추구해야 합니다.

박기자 하지만 한국 기업이 G에 대해서 이야기할 때, G는 실행과 측정이 모두 어렵다고 말하는 경우가 많습니다. 그런데 사실 G의 측정이 어려운 것은 아니죠?

도현명 절대 아닙니다. 오히려 쉬운 편입니다. 어떤 산업군에 속해 있더라도 모든 기업에 공통의 지표와 기준을 적용할 수 있기 때문이죠. 대표적인 ESG 평가 지수인 MSCI의 ESG 측정 방법을 보면 음료수 회사와 반도체 회사를 똑같이 측정하고 있어요. 측정이 오히려 쉽다는 것이죠. 어려운 것은 측정이 아니라 우리나라 기업 입장에서의 실현, 또는 시행이겠지요. 그 첫 번째 이유는 한국에서 G를 지배구조라고 번역하기 때문입니다. 단순히 지배구조라고 말하면 재벌 총수가 기업 전체를 지배하는, 우리나라 기업 구조 자체에 도전하는 것 같이 느껴지잖아요. 그러나 G의 실제 지표는 이사회 구성 등 해당 기업의 윤리, 의사결정 과정에 대한 투명성을 측정합니다. 지배하는 자가 누구냐를 묻는 것은 지표의 일부일 뿐입니다. 대표적인 재벌기업인 삼성의 ESG 지수가 좋은 것도 지표가 다양하게 구성되어 있기 때문입니다. 그러므로 기업 관계자는 두려움을 좀 버려도 된다고 말하고 싶습니다. 어려움을 겪는 또 다른 이유는 새로운 프로젝트를 시작하는 것으로 실천할 수 있는 E, S와 달리 G는 제도를 고쳐야 하므로 시간이 좀 걸린다는 것입니다. 그래서 조직 내의 누군가가 총대를 메고 시행하기가 어렵죠. '내가 조직 안에서 너무 큰 목소리를 내는 것은 아닌가?' 하는 두려움을 갖게 합니다.

박기자   실무단에서 G를 추진할 때, '내가 감히 우리 조직에서 지배구조를 논하는 것인가?' 하는 두려움을 갖는 경우가 많은데, 사실 그렇지 않다는 것이죠?

도현명   네, 해볼 수 있는 일입니다.

박기자   네, 알겠습니다. 그럼 국내 기업 중에 ESG 경영을 잘하고 있는 사례가 있나요?

도현명   아주 솔직하게 말하자면 아직 잘하고 있다고 크게 칭찬할 만한 기업은 없습니다. 그러나 가장 오래전부터 ESG를 이야기한 곳은 SK죠. SK는 사회공헌을 단순하게 이벤트나 프로젝트로 실행하지 않고, 경영 전략에 녹여내려는 시도를 10년 전부터 해 왔습니다. 포스코 역시 탄소 배출량이 많기는 하지만 내부에서 많은 변화를 이루었습니다. 삼성도 전방위적으로 ESG에 뛰어들고 있어 기다리면 성과가 나올 것으로 기대하고 있습니다.

**박기자** 'ESG의 목적지에는 도달하지 못했지만, 우리 기업도 움직이기 시작한 상황이다.'라고 정리할 수 있겠네요.

PART **2**

**E**nvironmental

**S**ocial

**G**overnance

# 역사를 따라
# 이해하는 ESG

# 역사를 따라 이해하는 ESG

ESG는 어떤 과정에서 생겨났을까요? 이전에도 비슷한 개념은 많았습니다. 그러한 비슷한 개념의 연속선상에서 ESG를 어떻게 바라봐야 할까요?

투자 분야에서 ESG와 비슷한 개념은 1920년대부터 시작됐습니다. 금융 분야에서 "비재무적 가치를 고려합시다."라고 했던 주장이 바로 그것입니다. 그러나 이 시기에는 지금과 다른 독특한 점이 한 가지 있습니다. '종교성'입니다.

종교와 관련된 많은 기관은 종교적 관점이나 세계관을 투자에 반영하려고 노력했습니다. 예를 들어, 기독교계 재단이나 기관은 아이나 여성에게 해를 끼치거나, 보다 더 넓은 의미에서 그럴 가능성이 있는 제품을 생산하는 회사에 투자하지 않겠다는 원칙을 세우기도 했습니다. 이러한 원칙의 연장선으로 술이나 담배를 만드는 회사에 투자하지 않는 경우도 있었습니다.

그들은 자신의 자금을 운용하는 기관에 "우리 돈을 운용할 때, 우리의 종교적 원칙에 맞지 않는 곳은 투자에서 제외해달라."라고 요청하기 시작했습니다. 이렇게 특정 분야를 제외하는 방식을 '네거티브 스크리닝Negative Screening'이라 합니다. 이는 현재의 투자 과정에서도 고려되는 네거티브 스크리닝의 초기 버전으로, 지금의 네거티브 스크리닝보다 훨씬 더 종교적인 색채가 강했습니다.

그러다 보니 여기저기서 "어떤 기준으로 이곳은 되고, 저곳은 안 되는 것이죠?" 하며 원성이나 항의가 들어오기 시작했습니다. 해당 기관에서 때에 따라 다르게 판단하는 경우가 있기도 했고, 또 종교적인 성향이 어느 정도 보수적이고 진보적인가에 따라 기준이 달라지기도 했습니다. 그렇기 때문에 논쟁은 끊이지 않았습니다.

1930년대에 들어서면서 검토 기준으로 종교성을 고려하는 것이 아니라, 사회 전체의 기본적인 도덕적 관점, 사회적으로 통용되는 상식, 문화적인 배제와 포용 등을 폭넓게 고려하여 좀 더 윤리적으로 검토해야 한다는 주장이 나오기 시작했습니다. 윤리적인 관점에서 제한되는 대표적인 분야는 무엇일까요? 바로 무기 회사입니다. "무기를 만드는 회사에 투자하지 말자.", "무기 회사가 잘 되도록 밀어주는 일은 하지 말자."라는 이야기가 시작된 것입니다. 이를 통해 종교적 기반이 없는 기관에서도 네거티브 스크리닝이 시작되었습니다. '저 회사는 다른 사람들을 해치면서 돈을 벌고 있어. 거기에 내 돈을 기여하고 싶지 않아.'라는 생각이 나타난 것입니다. 적극적으로 그들을 반대하지 않더라도 '그 일에 내가 참여하지 않겠다.', '적극적으로 지지하지는 않겠다.' 하는 정도의 발상입니다.

그 이후로 기업들은 빠르게 발전합니다. 1940년대, 1950년대, 특히 1970년대와 1980년대까지 기업들이 성장하면서 여러 가지 부작용이 사회에 드러났습니다. 나이키 Nike 의 아동 노동 사건이라든지, GE General Electric 가 강에 독성 물질을 흘려보냈던 일이라든지. 단지 돈을 더 잘 벌기 위해 사회적 통념으로 받아들이기 어려운 문제를 일으키기 시작했습니다. 1980년대에는 법적인 문제도 일으켰습니다. 대표적인 것이 아동 노동, 성매매였습니다.

이러한 이슈를 말할 때, 항상 언급되는 곳이 있습니다. 바로 GE입니다. 당시 GE는 세 가지 물질을 강에 배출하고 있었는데, 이 중 두 가지 물질에 오염 및 독성 성분이 있다는 사실을 알고 정화시설을 갖추기 시작했습니다. 오염 물질을 더 이상 배출하지 않도록 투자자와 함께 나름의 노력을 한 것입니다. 그런데 이 과정에서 한 가지 문제가 더 생겨났습니다. 나머지 한 가지 배출 물질에도 독성이 있다는 것을 알게 된 것입니다. 하지만 당시 법으로는 이 물질을 제재할 수 없는 상황이었습니다. 당시 법은 앞서 밝혀진 두 가지 물질에 대해서만 제재를 강제하고 있었습니다. 이때 GE는 경영적 결단을 통해 세 가지 물질에 대한 정화시설을 만들고, 제재에 대비했습니다. 이후 시의회가 이 사실을 알게 되면서 세 번째 물질에 대해 제재하기 시작했는데, 이때 매우 엄격한 법을 적용했습니다. 강에 가라앉은 오염 물질을 건져 올리고, 그것을 저장할 장소도 마련하라고 지시했습니다. 그뿐만 아니라 법을 소급 적용하여 배상금도 징수했습니다. GE 담당자들은 다소 억울하다는 태도를 보였지만, 시의회는 받아들이지 않았습니다. GE가 위험성이 있다는 사실을 인지하고도 이 사실을 공개하거나 해당 물질의 배출을 선제적으로 강력하게 금지하지 않았기 때문이었습니다. 즉, 도덕성에 문제가 있다고 판단한 것입니다. 당시 GE로서는 상당히 적극적으로 노력한 편이지만, 시의회는 충분하지 않다고 봤습니다.

이러한 일들이 1970~1980년대에는 꾸준히 일어났습니다. 사회 안에서 강력한 힘을 가지게 된 기업에게 정부와 사회가 법 제도를 넘어서는 범위의 도덕성을 갖추길 요구한 것입니다. '사회 안에서 중요한 주체로 살아가고, 활동하며, 가치를 만들어 내려면 그만큼의 책임이 부과된다.'는 뜻이었습니다. 그러한 논의가 계속되면서 어떤 기업은 책임을 다하지 못해 위험을 겪기도 하고, 반대로 어떤 기업은 성실하게 책임지고 있던 덕분에 우연히 닥친 위기도 쉽게 극복할 수 있었습니다.

그 대표적인 예가 존슨앤드존슨Johnson & Johnson입니다. 어느 날 존슨앤드존슨으로 협박 전화 한 통이 걸려왔습니다. 존슨앤드존슨의 제품 중 하나인 타이레놀에 독극물이 들어갔다는 내용이었습니다. 전화를 건 사람은 앙심을 품고 공장에서 생산되는 제품에 독극물을 넣었다고 했습니다.

존슨앤드존슨은 예전부터 위기가 닥쳤을 때, 투명하게 자사의 단점까지 노출하면서 소비자나 사회와 소통해 왔던 전통이 있는 조직이었습니다. 이때도 마찬가지로 그 원칙을 적용하여 대처하였습니다. 타이레놀 사건이 벌어지자, 존슨앤드존슨은 타이레놀의 생산을 즉시 중단했고, 일정 기간 전후로 생산된 제품을 전량 회수했습니다. 시민의 안전을 보장하기 위해 적극적으로 대처한 것입니다. 그 전화가 진짜인지, 가짜인지 판단하기도 전에 조치부터 먼저 시행했습니다. 기업가라면 눈앞의 손해가 아까워서 "먼저 이 전화가 가짜인지 알아보자."라고 했을 수도 있고, 의심되는 시기로 보이는 그 기간의 생산량만 판매 중지할 수도 있었습니다. 그러나 존슨앤드존슨은 그러지 않았고, 이는 이후 기업이 승승장구하는 데 큰 도움을 주었습니다. 사람들이 존슨앤드존슨을 신뢰하게 되었기 때문입니다.

이 사례는 사람과 사람 간의 관계에 대입하면 더욱 이해하기 쉽습니다. 기업을 다른 말로 '법인', 즉 법적 인격을 부여받은 하나의 실체로 보기 때문에 크게 틀린 비유도 아닐 것입니다. 사람과 사람 간의 관계 안에서 실수를 했다고 생각해 봅시다. 자주 잘못을 저질렀던 사람이라면 "저 사람은 또 저래." 하면서 고개를 저을 테지만, 평소 행실이 바르던 사람이라면 쉽게 용서하고 용납하는 경우가 많습니다. 정말 의도치 않은 실수인지 정확히 판단하기 전에 그러한 반응이 먼저 나옵니다. 이러한 반응은 소비자가 기업에게 보이는 반응에도 마찬가지로 적용됩니다.

이러한 경향이 1980년대를 기점으로 매우 뚜렷하게 나타났고, 1990년대에 들어서는 "사업 결과에 책임지는 기업을 키워줘야겠다."라고 말하는 투자자들이 나타나기 시작했습니다. "적극적이고 능동적으로 사회적 책임을 지는 기업을 지원해야 하지 않을까?" 하고 말입니다. 그전까지 대부분의 투자자는 기업이 사회적 책임을 고려하더라도, 문제를 찾는 것에 주로 집중했습니다. "이 회사는 이런 문제가 있으니까 투자하지 않겠습니다. 우리는 이런 일에 돈을 쓰지 않겠습니다. 이러한 회사가 성장하는 것은 사회에 좋지 않습니다." 하는 식으로 의사결정을 한 것입니다. 그런데 이 경향이 1990년대부터 바뀌기 시작했습니다. "좋은 기업에 더 많이 투자하겠다."라는 목소리가 나오기 시작했습니다. "이 기업은 매우 투명하

게 정보를 공개하는 곳이야.", "이 기업은 환경을 지키는 데 적극적이야.",
"이 기업은 지역사회에 있는 주민과 임직원을 아주 열심히 돌보더라." 하
는 식으로 말입니다. 기업이 만드는 가치가 비슷하다면 사회적 책임을 더
많이 지는 기업에 더 투자하겠다는 방식이었습니다.

비재무적 가치를 고려한 투자가 크게 일기 시작한 것도 이쯤입니다. 다
만, 비재무적 가치를 고려한 투자는 아직 한계가 있었습니다. 그러한 기업
이 정말 돈도 잘 벌고, 성장도 했는지에 대한 정확한 데이터를 아직 내놓
지 못한 것입니다. 명확한 통계적, 수치적인 증거가 없었습니다. '좋은 회
사니까 더 잘 되었으면 좋겠다.' 하는 희망은 많았지만, 정말 그러한지 투
자자들도 증명하지 못하는 상황이었습니다.

그러나 시대가 바뀌었습니다. 2000년대를 지나 2010년대, 2020년대
에 오면서 이것이 사실이라는 것이 증명됐습니다. "리스크가 줄어들었어
요.", "비용이 감소했어요.", "새로운 기회를 잡을 수 있었어요." 하는 식
으로 말입니다. 그러면서 투자할 때 비재무적 정보를 의사결정에 반영해
야 한다는 목소리가 높아졌습니다. 바로 이것이 ESG로 정착한 것입니다.

종교적 관점과 도덕적 관점에서 나쁜 기업을 배제하는 것에서 출발하
여 좋은 기업을 도와주자는 마음으로 이어졌고, 좋은 기업이 정말로 돈을
벌 수 있는지 증명할 수 없었던 시기를 거쳐 이제는 좋은 기업이 잘 벌기
도 한다는 것을 증명했습니다. 이와 더불어 사회에 기여하는 것이 기업 성
장의 전략 중 하나가 될 수 있다는 사실도 널리 퍼졌습니다. 사회 구성원
과 정부 등의 이해관계자 사이에 좋은 기업을 중시하는 이러한 흐름이 거
세지면서 희망이 사실로 된 것입니다. 이것이 바로 최근의 동향입니다.

2004년 UNGC UN Global Compact 에서 처음 ESG에 관련된 논의가 시작됐으나, 그 후로 약 10년간 ESG 관련 논의는 크게 성장하지 못했습니다. 2015년까지만 해도 국제기구, 비영리단체 등 공익 분야에서 활동하는 일부 조직만 강조하던 단어였습니다. 2006년 UN PRI UN Principles of Responsible Investment (UN 책임투자원칙), 즉 ESG가 포함된 '투자 원칙에 들어갈 6가지 요소'의 제시 등 새로운 흐름이 나타났지만, 그때만 해도 투자자들은 이를 적극적으로 받아들이지 않았습니다. 2014년 EU에서 비재무적 정보도 기업의 의무공시 사항에 포함하자는 이야기가 나왔고, 2018년부터는 실제로 의무공시를 시작했습니다. 그러나 대다수 기업의 비재무적 정보는 공개되지 않았습니다. 그러니 2004년부터 시작된 ESG 논의는 공익을 위한 단체 또는 조직의 언저리에만 머물 수밖에 없었습니다.

그러던 중 2015~2016년쯤부터 금융기관이 반응하기 시작했습니다. "진짜 이거 의미 있는데?", "저 회사는 도대체 왜 잘 된 거야?", "이 회사가 잘 된 것은 환경 관련 문제를 미리 신경을 썼기 때문이었어.", "저 회사는 왜 똑같은 위기가 닥쳤는데 다른 경쟁자와 달리 잘 버텨?", "저 위험을 이겨내네?", "이건 과거부터 S와 관련된 요인을 잘 챙겼기 때문이야!"라고 해석하기 시작했습니다.

2018~2019년부터는 금융기관 혹은 금융과 관련된 평가기관이 자사의 의사결정 구조 안에 ESG를 구체적으로 포함하기 시작했습니다. 이 변화가 매우 중요한 것입니다. 2019년 미국 내 상위 200개 기업의 협의체인 비즈니스 라운드 테이블 Business Round Table 에서 "우리는 우리의 주주뿐아니라 모든 이해관계자를 만족시켜야 한다."라는 목소리가 힘을 얻기 시

작했습니다. 이 시점이 바로 기업의 사회적 책임이 비즈니스의 핵심으로 들어왔다고 할 수 있는 매우 상징적인 시점입니다. 기업이 만족시켜야 할 대상이 주주가 아닌 이해관계자임을 밝힌 시점인 것입니다. 공익 단체끼리 하던 논의가 진검승부의 현장으로 들어온 것입니다. 이후 기업은 물론, 심지어 금융계까지 매년 ESG라는 비재무적 정보 측면에서 어떤 기업이 얼마나 경쟁력이 있는지 따져 보게 되었습니다.

ESG라는 개념은 처음부터 투자자의 관점에서 기업을 대상으로 한 단어였습니다. 2004년 당시 UN 사무총장이었던 코피 아난Kofi Annan이 ESG라는 단어를 처음 활용했습니다. 전 세계의 사회문제를 해결하기 위한 중요한 이해관계자가 기업이라 생각했기에 그것을 염두에 두고 한 말이었습니다. 이러한 기업을 변화시키려면 금융계를 움직여야 했습니다. 그래서 코피 아난은 2005년 금융 관계사를 모아 콘퍼런스를 열고, ESG를 주창했습니다.

과거부터 CSR, ISO 26000, 지속가능경영 등 다양한 단어가 있었습니다. 그런데 이 개념들은 어쩔 수 없는 모호함을 가지고 있습니다. 낭만적이기도 하고, 개념적이기도 한 부분이 있습니다. "저 아이들이 정말 행복해하지 않습니까? 우리의 지원을 받았기 때문입니다."라고 말하는 것은 사회를 따뜻하게 만드는 데에 도움이 되고 기업가의 마음을 뿌듯하게 만들지만, 기업의 주주에게는 불만이 될 수도 있습니다. 2007년 금융위기가 전 세계에 닥쳤을 때, 미국의 몇몇 회사 CEO들은 경제적 위험이 분명한데도 사회공헌기금의 규모를 줄이지 않아 고소를 당하기도 했습니다. 이는 분명 주주들의 어쩔 수 없는 이기심이었습니다. 그들은 CSR이나 사회공헌,

지속가능경영이 가지는 모호함에 동의하지 않은 것입니다. CSR을 잘하면 기업이 좋아진다는 것은 주주들이 이해하기에 어려운 일이었습니다.

ESG는 그러한 모호함을 제거하고 금융사가 이해할 수 있는 수준의 평가와 금융사가 인정할 수 있는 수준의 데이터를 제공하자는 것입니다. 2004년에 그 논의가 출발하여 현재에 이르게 되었습니다. '투자할 때 ESG라는 비재무적 정보를 고려해서 투자합시다.'라는 논의가 핵심입니다. 그러니 ESG의 기본적인 관점은 투자자 관점이며, ESG가 투자자 관점으로 출발했다는 사실은 매우 명백합니다.

우리나라의 ESG 논의는 어디까지 와 있는 것일까요? 알아낼 방법은 간단합니다. 매년 기업 회장들이 내놓는 신년 발표를 보면 됩니다. 2021년 대부분의 대기업 신년 발표에서 ESG를 거론했습니다. 특히 ESG 중 E, 환경에 쏠려 있었습니다. 그러나 전 세계 금융사들은 다른 측면에 집중했습니다. 세계 최대 금융사 중 하나인 블랙록이 2021년에 발표한 자료를 보면, 블랙록은 ESG 중 G에 가장 많이 관여하고 목소리를 내고 있다고 했습니다. 물론, 환경이 중요하지 않다는 말은 아닙니다. 다만, 투자 관련 행위로 특정 기업에 관여할 때는 거버넌스 이슈를 가장 많이 고려한다는 것입니다. 쉽게 말해 투자 의사결정에 ESG 중 G가 가장 큰 영향을 준다는 것입니다.

우리나라의 ESG 담론을 살펴보면 현재는 E에 치우쳐 있지만, 앞으로는 G, 거버넌스를 따져 보는 것이 매우 중요합니다. G는 E나 S와 달리 기업에 따라 세부 측정 내용이 달라지지 않습니다. 환경이나 사회는 기업이 속한 산업군이나 주 비즈니스 모델에 따라 따져야 할 기준이 다릅니다.

그러나 거버넌스는 모든 산업군에 동일하게 적용됩니다. 그렇기 때문에 투자자도 더 적극적으로 감시하게 되고, 기업도 이에 대한 정보를 공개하라는 투자자의 요청에 귀를 기울이는 것입니다.

ESG의 기본은 정보 공개에 있습니다. "우리 기업의 ESG는 이 정도 수준입니다." 하고 기업이 스스로 말하는 것이 아니라, 근거 자료를 투명하게 공개하는 것이 시작입니다. 이때 판단은 투자자나 평가기관이 하고, 기업은 응대만 할 뿐입니다. 투자자가 납득할 만한 구체적인 데이터를 기반으로 관련 정보를 공개하는 것에서부터 기업의 ESG 평가는 시작됩니다.

ESG에 관한 대표적인 오해 몇 가지를 풀어보려고 합니다. 다음의 질문은 국내뿐 아니라 글로벌 단위에서도 많이 받았던 질문입니다. 첫 번째 질문은 'ESG 점수가 높으면 주가가 높은가?'입니다. 이 질문은 질문 자체가 성립할 수 없는 잘못된 질문입니다. 왜냐하면, ESG 점수를 산정하는 평가 방법은 지구상에 천 가지 이상 있기 때문입니다. 현재는 '더 적절한 평가 방식이란 무엇인가?'에 대해 논의 중인 상황일 뿐, 단순하게 ESG 점수와 주가의 연관 관계에 대해 결론 내릴 수 있는 상황은 아닙니다.

또한, ESG를 보는 금융계의 관점이 '미래'이기 때문에 단기간의 주가를 논하는 것 자체도 옳지 않습니다. 금융사와 평가사는 미래의 기업가치를 크게 좌우할 수 있는 ESG 요소를 찾고, 그것을 현재 시점에서 평가하고자 합니다. 미래, 즉 장기적인 관점으로 반영될 사회적 영향력을 현재에 측정하겠다는 것입니다. 그러니 ESG 점수를 통한 해당 기업 주가의 단기적인 예측은 어려울 수밖에 없습니다.

이러한 답에 대해 자주 받는 질문이 하나 더 있습니다. '테슬라Tesla는 주가가 오르던데요?'라는 질문입니다. 이것은 '닭이 먼저인가, 달걀이 먼저인가?' 하는 질문이나 마찬가지입니다. 테슬라는 ESG 평가 방식에 따라서 점수가 변동이 있는 기업인데 대부분의 ESG 펀드에 포함이 되어 있기는 합니다. 소위 전기차 대장주이기 때문이죠. 이처럼 테슬라를 포함한 ESG 펀드가 늘어나고 많이 팔리니, 덩달아 테슬라 주가도 오르는 것입니다. 인과관계를 오해해선 안 됩니다. 테슬라의 주가가 오르는 것은 테슬라의 사업 자체가 본질적으로 ESG를 내포하고 있는 구조여서 리스크가 상대적으로 낮은 점도 있지만, 근본적으로 테슬라의 사업성이 뛰어나기 때문입니다. 그러니 ESG 점수가 높다고 특정 기업의 주가가 당장 오른다는 식으로 결론 내릴 수는 없습니다.

두 번째 질문은 'ESG는 기존의 CSR, CSV와 완전히 다른 것인가?'입니다. ESG와 CSR, CSV는 기업의 사회적 책임을 강조한다는 점에서 같습니다. 그러나 사회공헌, CSR, CSV, ESG는 누가 기업에게 사회적 가치를 제시하느냐는 관점의 차이로 구분됩니다. 쉽게 말하자면 사회가 본다면 사회공헌이나 CSR, 경영자나 전략가 입장에서는 CSV, 투자자 입장에서는 ESG인 것입니다. '책임'을 누구와 논의하는가, 즉 책임의 주체를 따져보면 매우 다른 양상을 보입니다. CSR이 기업 내부를 중심으로 본다면, ESG는 소비자, 투자자, 지역사회, 지구 환경 등 더 넓은 주체를 기업의 이해관계자로 보고 있기 때문입니다. 똑같이 환경을 고려하더라도, 본질적인 환경 이해관계자를 폭넓게 보고 '책임'을 다하는 것과, 기업 활동을 마치 베푸는 봉사활동처럼 접근하는 것은 행동 양식과 결과에 큰 차이를 가져올 수밖에 없습니다.

앞서 ESG는 투자자의 관점이라고 설명했습니다. 이해관계자 이슈를 해결하는 것은 맞지만, 그 과정에서 가장 먼저 납득시키고 만족시켜야 하는 직접 이해관계자는 '투자자'입니다. 즉, CSR이 활동으로만 따지자면 ESG보다 더 넓게 적용될 수 있습니다. 기업의 사회적 책임 영역 중 ESG에 포함되는 내용은 CSR에 포함될 수 있지만, CSR에 포함되는 내용은 ESG에 포함되지 않을 수 있다는 것입니다. 그러니 이를 '거의 같다.'고 생각해서는 안 됩니다. ESG의 주된 평가 내용에 들어가지 않는다고 해도 기업에 요구되는 사회적 가치가 아니라고 단정할 수는 없습니다.

세 번째 질문은 'ESG 경영을 시작할 때, 기존에 진행했던 CSR 활동을 재배치하여 설명만 다르게 하면 될까?'입니다. 당연히 아닙니다. 그런데 많은 기업이 그렇게 하고 있습니다. 포스코는 탄소를 많이 배출하는 대표적인 기업입니다. 이 기업이 사내에서 사용하는 종이컵을 머그잔과 텀블러로 바꾸겠다고 주장하면서 이를 'ESG 프로젝트'라고 부르고, 심지어 회장까지 직접 나와서 홍보했었습니다. 하지만 이는 ESG를 잘못 이해한 대표적인 사례입니다.

텀블러를 사용하는 것은 좋은 일입니다. 다만, 이 프로젝트가 해당 기업의 본질적인 비즈니스 모델을 관통하는 사회적 책임은 아니라는 것입니다. 기업이 우선순위를 두고 해결해야 할 문제는 따로 있는데, 종이컵 사용을 대대적으로 홍보하는 것은 ESG가 무엇인지조차 이해하지 못했다는 것을 드러낼 뿐입니다. ESG의 본질은 비즈니스에도 중요하고, 이해관계자에게도 우선순위가 높은 활동을 제대로 하자는 것입니다. 실천하기 쉬우면서 홍보하기 편한 좋은 일을 아무거나 하자는 것이 아닙니다.

마지막 질문은 'ESG 담당 팀을 만들면 ESG 경영이 가능해질까?'입니다. 이는 한국 기업들의 특징이기도 합니다. CSV가 유행하면 CSV팀을 만들고, ESG가 유행하면 ESG팀을 만듭니다. 전담 팀을 만든 것 자체로 나쁘다고 할 수 없습니다. 그러나 ESG는 핵심 비즈니스 모델을 관통하는 경영 전략에 ESG가 포함되지 않고는 달성할 수 없는 개념입니다. 실무자급으로 이루어진 별도의 팀이 아니라, 경영에 관여하는 조직의 핵심 인물이 책임져야 합니다. ESG의 주요 이해관계자인 투자자 대응 역시 CFO가 하고 있지 않습니까? ESG 활동은 바로 이들이 직접 나서야 합니다.

과거에는 실무자로 이루어진 사회공헌팀이나 CSR팀이 기업의 이름을 걸고 봉사활동을 하거나 기부하는 일을 담당하는 경우가 많았고, 이러한 CSR팀은 별도의 팀으로 운영해도 무방했습니다. 그러나 이 별도의 팀이 회사의 경영 전략 및 방침 변화에 기여하거나, 임원진의 중요한 경영적 결단에 관여할 수는 없었습니다. 반면 ESG는 회사의 경영 전략 및 방침 변화에 기여하거나, 임원진의 중요한 경영적 결단에 관여해야만 이루어질 수 있으니, 권한이 없는 별도의 팀을 만드는 것으로는 해결할 수 없습니다. CEO, CFO와 소통하여 이들의 변화를 끌어낼 수 있고, 이들의 결정이 실질적인 사업과 재무 전략에 반영될 수 있도록 설계하지 않으면 안 되는 것입니다.

# 박선하 기자가 묻고, 도현명 대표가 답하다

**박기자** CSR과 ESG의 공통점과 차이점을 잘 알아야겠다는 생각이 듭니다. CSR과 ESG를 혼동하지 않아야 하고, 또 평가와 측정이 ESG에 굉장히 중요하다고 하셨어요. 그 점을 더 쉽게 풀어서 설명해 주실 수 있을까요?

**도현명** CSR은 관련된 구체적인 정보를 투자자가 기업에 요구하지 않았죠. 만족도 조사나 자체 지속가능 보고서 발간 정도로 갈음할 수 있었어요. 그러나 ESG는 투자사가 이 정보를 요청한다는 점이 다릅니다. 투자사에 추상적인 언어로 쓰인 ESG 성과를 제출할 수 있겠어요? 수치로 된 정확한 근거를 제공해야죠. 참가자 만족도 조사로는 어떤 정보도 얻을 수 없습니다. 가령 ESG 경영의 일환으로 빈곤 청년들에게 컴퓨터 사용 방법을 가르쳤다면 '사람들이 행복해했습니다.' 또는 '누가 꿈을 찾았습니다.' 하는 것이 아니라 '취업률이 70% 상승했고, 그중 10%는 자사가 채용했다.'라는 식의 수치가 필요합니다. 즉, CSR에서는 구체적이지 않은 감성 자극성 정보로도 넘어갈 수 있었지만, ESG는 아주 자세하고 측정 가능한 근거와 수치를 바탕으로 평가한다는 것입니다.

박기자 CSR 활동을 말할 때 "우리 기업이 오늘 김장 나눔을 했습니다.", "어르신들을 찾아뵙습니다." 이런 식으로 '착한 일을 했다'고 설명해도 틀린 것은 아니지만, ESG는 어떤 전략에 따라 어떻게 시행했고, 어떤 결과가 나왔는지를 구체적인 수치를 통해 증명해야 한다는 거죠?

도현명 그렇죠. 김장 나눔이란 행동이 틀린 건 아니지만, 일시적인 행사라면 ESG 경영에 포함되기 어렵죠. 기업의 핵심 경영 전략에 포함되지 않은 단순 봉사활동이니까요. 또, 반복적으로 한다고 해도 우리의 경영 전략에 이것이 왜 필요한지가 분명해야 합니다. 즉, 왜 하는지를 기업 경영 측면에서 강조하지 않는 ESG 경영은 없다는 것이죠. ESG는 기업의 미래가치를 증가시키기 위해서 하는 것입니다. 김장 나눔을 하더라도 '자사의 가치관에 따르면 노인을 돌보는 것이 중요한데, 가장 효과적인 방법이 김장이고, 이를 통해 이들 삶의 만족도나 건강이 상승하였다.'라는 식의 논리적인 설득과 입증이 가능해야 ESG가 됩니다. 그렇지 않으면 단순 CSR이나 사회공헌 활동이겠죠. ESG는 '왜'가 확실해야 합니다. 또, 이 '왜'는 기업 경영 전략과 맞물려야 하고요.

박기자 그런데 기업들은 사회공헌, CSR 활동을 그대로 하면서 ESG라고 홍보하는 경우도 많은 것으로 알고 있습니다.

도현명 이유는 명확하죠. ESG가 부상하면서 사회가 요구하는 체제는 바뀌었지만, 그 체제를 기업 내부에 적용하는 시간이 걸리잖아요. 최소 몇 개월에서 최대 몇 년이 걸리는데, 다른 경쟁사는 너도나도 뛰어들고 있고, 조직 상부에서도 실무자에게 ESG를 하라고 압박을 하니 기존에 하던 활동 중 ESG와 관련 있어 보이는 일을 그저 이름만 바꿔 다는 것입니다. 그러한 상황은 심정적으로는 이해합니다. 그렇게 할 수밖에 없는 담당자의 설움도 알겠습니다. 하지만 그 방식에 갇힌다면 결국 기업에 독이 된다는 것을 알아야 합니다. 경쟁자는 경영 전략에 ESG를 녹이며 앞서 나갈 테니 말이죠. 그러면 기업은 도태되거나 큰 위기를 겪을 수 있습니다.

**박기자** CSR 활동을 ESG로 포장하는 것이 단기적으로 기업 이미지에 도움이 된다고 느낄 수는 있겠지만, 그러다 보면 제대로 된 ESG 관리를 못해서 결과적으로 기업의 리스크가 커질 수 있다는 말이죠?

**도현명** 맞습니다. 세부 시행 단계에서는 CSR 활동이 ESG 활동과 같은 경우도 많습니다. 다만, CSR은 기업의 경영 전략과는 상관없이 봉사 활동 등과 같은 착한 일을 수행하는 거라면, ESG는 기업 경영 전략과 맞물려 장기적으로 기업가치를 올리는 일을 말하기 때문에 완전히 같을 수는 없습니다. 이것을 이해한 상태에서 단기 전략으로 추진하는 것은 수용할 수 있지만, 장기적으로는 그렇지 않다는 점을 꼭 알아야 합니다.

**박기자** 기업이 CSR을 ESG로 포장해서 지속하는 경우에 생기는 리스크를 말해주셨는데요. 우리 사회가 기업의 그러한 행동을 그대로 내버려 두고, 그냥 손뼉 쳐준다면 사회에도 리스크가 될 것 같은데요.

**도현명** 사회에는 매우 큰 리스크가 되지요. 두 가지로 나눠볼 수 있는데,

하나는 기업이 실질적으로 나아지지 않는다는 것입니다. 우리 모두 잘 알듯이, 기업이 잘못된 일을 하는 예도 있지 않습니까? 악영향을 끼치는 예도 있고요. 이러한 것을 개선하지 못하게 되죠. 오염 물질을 배출한다거나, 단기 이익을 위해 노동자를 착취한다거나, 이러한 일들이 방치되면서 사회가 함께 피해를 입게 됩니다. 그리고 두 번째는 에너지 효율로 엄청난 혁신을 만들어 낸 기업이 나온 것처럼 앞으로 ESG를 통해 새로운 혁신을 만들어 낼 기업이 나올 수도 있는데, 잘못된 ESG로 인해 새로운 혁신의 기회 자체를 잃을 수 있다는 것입니다. 사회가 혁신 성장의 동력을 잃는 거예요. 그래서 기업이 ESG를 한다고 발표했을 때 무조건 칭찬하는 것은 좋지 않다고 봅니다. 잘한 경우는 칭찬과 보상을 주고, 잘못한 경우는 비판해야 합니다. 잘못이 과한 경우는 제재도 해야 제대로 된 ESG 경영을 하는 기업이 많아질 겁니다.

PART **3**

**E**nvironmental
**S**ocial
**G**overnance

# 비재무적 요소로
# 바라보는 ESG

# 비재무적 요소로 바라보는 ESG

ESG는 결국 투자자가 신경 쓰는 환경, 사회, 지배구조에 관한 비재무적 정보입니다. 투자자가 이런 것에 신경을 쓰는 배경은 무엇일까요? 중장기적으로 기업가치에 영향을 미치기 때문입니다. 과거에는 기업가치를 재무 정보로만 설명할 수 있다고 생각했습니다. 그러나 이제는 브랜드, 기업이 가진 장악력, 사업 간의 시너지, 다양한 무형요소들이 기업의 자산으로 여겨지고 있으며, 그 비중도 과거보다 훨씬 커지고 있습니다. 많게는 전체 자산의 절반이 무형자산이라고 보는 투자자도 있습니다. 그리고 이 무형자산 중 하나인 ESG가 중요한 요소가 된 것입니다.

실제와 다르지만, 이해를 위해 단순한 예시를 생각해 봅시다.

$$NPV = \sum_{t=0}^{n} \frac{R_t}{(1+i)^t}$$

$NPV$ 순수현재가치
$n$ 기간
$R_t$ 기대되는 순수입(매출과 비용)
$i$ 할인율

• 실제 기업가치에 대한 접근은 이렇게 단순하지 않습니다. 설명을 위한 인용입니다.

기업가치를 정할 때 가장 중요한 것이 무엇일까요? 미래에 발생하는 현금 흐름, 즉 매출과 비용입니다. 1년 차, 2년 차, 3년 차… 이러한 정보들이 있습니다. 분모에는 무엇이 있을까요? 미래의 위험률, 즉 할인율이 있습니다. '미래에 예상되는 위험이 정말 발생할 것인가? 아니면 이보다 적게 발생할 가능성이 있는가?' 하는 물음에 대한 답을 고민해서 따지는 것입니다. 분모에는 위험, 분자에는 미래의 매출과 비용이 자리한다면 이것은 ESG와 어떻게 연결될까요?

먼저 매출적인 부분입니다. 환경, 사회, 의사결정 구조가 우리 기업의 매출을 증대시킬 수 있을까요? 이것은 투자자에게 중요한 질문입니다. 이 경우, 대부분 신사업을 발굴하거나 원래 없던 새로운 고객층을 발굴하는 등 매출에 긍정적 영향을 끼칠 수 있습니다. 여기서 ESG와의 연결점이 생길 수 있습니다.

다논Danone 이라는 프랑스의 낙농업 기반 기업이 있습니다. 요구르트를 주로 만드는 회사로 해당 분야에서 세계적인 기업 중 하나입니다. 이 회사가 방글라데시에 진출했습니다. 방글라데시에서 이들의 제품을 사 먹을 수 있는 소비층은 소수의 부자로 아주 적습니다. 다논 관계자들은 이에 대해 고민할 것입니다. '소수의 부자가 아닌, 대다수의 가난한 방글라데시 사람들은 어떤 문제를 겪고 있을까? 우리 회사와 연결점이 없을까?'. 이때 방글라데시의 대표적 사회적기업인 그라민Grameen 그룹을 통해 빈곤층의 영양이 불균형하다는 것을 알게 되었습니다. 그리고 다논의 주력 분야인 낙농업은 바로 이 문제를 해결할 수 있었습니다. 유제품은 단백질을 포함한 다양한 영양소를 제공하는 중요한 식품이기 때문입니다.

자사의 제품이 방글라데시 빈곤층이 겪는 영양상의 문제를 해결하는 데 도움이 된다는 것을 안 다논은 '왜 이들이 유제품에 접근하지 못할까?'라는 고민을 시작했습니다. 가장 큰 이유는 당연히 '비싸서'였습니다. 그렇다면 비싼 이유는 무엇일까요? 유제품을 상하지 않게 할 냉장 설비가 있어야만 유통이 가능하다는 점 때문이었습니다. 날씨가 따뜻하고 습도가 높은 방글라데시에서는 특히 그랬습니다. 냉장 차량으로 배송하고, 냉장고에서 보관해야 하는데, 그 비용이 매우 높았습니다. 또 하나 문제가 있었습니다. 다논은 주로 성인 사이즈 제품을 만들어 내고 있었는데, 방글라데시에서 영양상의 문제를 가장 많이 겪는 아동들에게는 그 양이 너무 많았습니다.

비싸고, 관리도 어렵고, 양 조절도 어려운 여러 가지 문제가 있는 상황에서 다논은 도전을 시작했습니다. 그라민 다논 Grameen Danone 이라는 합작회사를 만들어 현지 사정에 맞는 요구르트를 만들기 시작한 것입니다. 이 제품은 상온에서 보관 가능한 요구르트로, 현지 재료를 활용해 가격을 개당 7센트까지 낮췄습니다. 유통 역시 전문 유통업자가 아니라 현지 여성들, 저소득층 마을에 있는 여성에게 맡겼습니다. 이들이 유통을 담당하면서 추가 소득을 얻을 수 있도록 한 것입니다. 다논은 이러한 노력 끝에 결국 1인당 3만 원 정도의 매출을 발생시킬 수 있는 구조를 만들었습니다. 방글라데시 저소득층에게는 의미가 큰 돈이었습니다. 점차 사업이 번창하면서 현지 아동들의 영양 상태는 크게 개선되었습니다. 2017년 기준으로 유제품은 매일 10만 개 이상 판매됐고, 농민들의 500명 정도가 이 물건을 판매하는 유통책, 생산자가 되었습니다. 이들과 영양이 개선된 사람들을 모두 합한 수혜자는 300만 명이 넘는다고 알려졌습니다. 다논 역시 재무적으로 큰 이익을 얻었습니다. 고객이 아니었던 사람들이 고객이 되었기 때문입니다. 기업가치는 확연히 늘어났습니다. ESG 측면에서 S 요소에 대한 좋은 평가도 받을 수 있을 것입니다. 바로 이렇게 사회적 책임, 넓은 이해관계자들에 대한 좋은 영향 등을 추구하면서 실제 기업가치에 반영될 수 있는 구조를 만드는 것이 훌륭한 ESG 경영입니다.

두 번째 요소는 비용입니다. 미래에 발생할 수 있는 비용, 혹은 현재 내가 겪는 비용의 부담을 줄여줄 요소로 ESG는 어떤 의미가 있을까요? 비용을 줄이는 측면은 대부분 환경과 관련되어 있습니다. 대표적으로 에너지를 생각해 봅시다. 에너지를 덜 쓰면 탄소 배출량이 줄어들고 기업이 지출하는 에너지 비용도 줄어듭니다. 대표적인 사례가 IHG InterContinental Hotels Group 입니다. 전 세계에서 가장 거대한 호텔 그룹 중 한 곳인 IHG는 오랜 시간 세계적인 비난과 압력에 시달렸습니다. 호텔 사업이 상당한 에너지를 소비하며, 더불어 폐기물도 많이 만들어내기 때문입니다.

상황이 이렇다 보니 약 4,000개가 넘는 프랜차이즈를 거느린 이들에게 여러 가지 비난과 보이콧은 물론 고소 사태까지 일어났습니다. 이는 이들에게 관리 및 대응 비용으로 돌아와 큰 부담이 되었습니다. 이런 어려움 속에서 IHG는 호텔에 적용할 친환경 솔루션 패키지를 개발하기 시작했습니다. 물과 에너지 사용량을 줄이고 고객 경험에도 기여할 방법을 찾았습니다. 또 전 세계에 소유하고 있는 호텔 자원의 활용과 폐기물 배출 상황을 관리할 중앙 조직도 만들었습니다. 이를 통해 에너지 사용량과 폐기물을 25%까지 감축했습니다. 물론 초기에는 상당한 투자가 필요했고, 각 프랜차이즈 대표들은 달가워하지 않았습니다. 그러나 결국 초기에 반대했던 이들도 이 솔루션을 환영하게 되었습니다. 고객 반응이 좋아졌을 뿐 아니라 에너지나 폐기물 처리에 드는 비용이 훨씬 줄었기 때문입니다. 결과적으로 IHG는 더 많은 프랜차이즈를 소유하게 되었습니다. 이처럼, 단순히 책임이 아니라 기회와 성장의 발판이 되는 구조를 찾을 필요가 있습니다.

세 번째 요인은 분모에 있는 위험입니다. 아무리 분자가 커지더라도 분모가 조금만 커지면 전체 가치는 상당히 줄어듭니다. 따라서 위험 관리가 아주 중요합니다. ESG는 여기에 직결되는데, 특히 이 중에서도 G, 거버넌스가 리스크를 줄이는 데 큰 요인으로 취급됩니다. 블랙록과 같은 거대 자산 운용사가 거버넌스에 대해 가장 많은 액션을 취하는 이유이기도 합니다. 안타깝게도 우리 기업들이 가장 잘 안 하고, 못하는 영역입니다.

위험 관리 측면에서 항상 조명 받는 회사 중 하나가 미국의 벤앤제리스 Ben & Jerry's입니다. 벤앤제리스는 몇 년 전, 유니레버 Unilever라는 소비자 회사에 100% 합병되었습니다. 벤앤제리스는 아이스크림을 제대로 만들기 위해 필요한 가장 주요한 재료가 우유라고 판단했습니다. 그런데 이 우유를 생산하는 과정은 젖소에게 잔인한 경우가 많았습니다. 그 때문에 우유의 품질이 낮아지고, 농가 종사자도 어려움을 겪고 있었습니다. 이들은 특이한 프로그램을 시작했습니다. 아이스크림 회사가 소를 챙기기 시작한 것입니다. 이른바 '케어링 다이어리 Caring Dairy'입니다. 좀 더 안전하게 소를 키우는 농가일수록 우유를 비싸게 사주고, 이를 위한 설비와 관련 교육도 제공했습니다. 매우 세밀하게 안전함의 기준을 정하고 평가하며, 농가들이 이 기준에 맞추면 매출이 늘어나는 구조를 만들었습니다.

결국 이들은 안정적이고 지속적으로 좋은 우유를 공급할 농가 네트워크까지 확보하게 되었습니다. 파트너와 동반 성장하게 된 것입니다. 이러한 노력 덕분에 아이스크림 회사들이 가끔씩 큰 타격을 겪는 우유 수급난이 와도 벤앤제리스는 무사히 넘어갔습니다. 그 결과, 2019년 아이스크림 분야 미국 내 1위 회사로 발돋움하게 되었습니다. 하겐다즈Häagen-Dazs, 배스킨라빈스Baskin Robbins와 같이 잘 알려진 회사도 제친 결과였습니다. 리스크를 잘 관리하여 미래가치가 크게 성장한 대표적인 사례입니다.

미래가치란 무엇일까요? 쉽게 말해 미래에 발생할 매출과 비용의 차액을 리스크로 할인한 것입니다. 이러한 내년 차액, 내후년 차액, 그다음 해 차액 등을 모두 합친 것이 우리가 인식하는 미래가치입니다. 그런데 이 가치의 합은 중장기적으로 봐야 정확히 볼 수 있습니다. 단기적인 시야로만 본다면 장기적 리스크를 정확하게 판단하기 힘들기 때문입니다. ESG의 관점이 중장기적인 시야를 갖는 것도 이 때문입니다. 올해 당장 바뀌는 것에 관해 이야기하는 것이 아닙니다. 사회공헌과 ESG의 차이도 여기서 크게 나타납니다. 물론, 회사의 가용 자원 1억 원으로 지금 당장 무엇을 할지를 고민하고, 당장 올해의 성과를 볼 수도 있습니다. 그러나 ESG는 장기적인 기업가치 편입을 목표로 하므로 짧게는 3년, 길게는 10년을 보고 설정해야 합니다. 다시 말해 장기 프로젝트입니다. 그런데 이것을 단기속성으로 하다가는 오히려 기업가치를 하락시킬 우려도 있습니다.

스카니아Scania라는 승용차 제조 회사가 있습니다. 이 회사가 처음 AI 주행 관련 투자를 한다고 했을 때, 당시 많은 기업들이 비웃었습니다. "그걸 왜 해? 성공하는 데 몇 년이 걸릴지도 모르는데." 하고 말입니다.

그러나 스카니아는 꾸준히 투자했습니다. 그 이유는 무엇이었을까요? 해답은 스카니아의 차 모양을 보면 알 수 있습니다. 스카니아 자동차, 특히 트럭 여러 대가 한 번에 운행되는 모습을 사진으로 찍으면 아주 특이한 점 하나가 보입니다. 차 간 간격이 아주 좁다는 점입니다. 일반 차량을 이처럼 운행한다면 바로 사고가 날 것입니다. 그러나 스카니아는 사고를 방지할 기술인 '플래투닝Platooning'을 갖고 있습니다. 차 간 거리가 매우 가까운 상태로 운행하게 되면, 첫 번째 차량이 공기저항을 모두 받아서 두 번째, 세 번째 라인에 있는 차량의 공기저항은 매우 급격하게 줄어들게 됩니다. 플래투닝은 이를 활용하여 에너지 소비량을 최대 40%까지 줄이는 주행 기술입니다. 그런데 이처럼 아주 가까이에서 차를 운행하면 어떤 위험이 있을까요? 급정거하는 경우에 큰 사고가 날 수 있습니다. 그러므로 사람의 운행을 막고, 인공지능이 주행하도록 해야 합니다. 선두에 있는 차량만 사람이 운행하고, 나머지는 인공지능이 주행하는 것입니다. 결국, 그들의 인공지능 대상 투자는 자율주행 트럭을 만들겠다는 데서 시작한 것이 아니라 사용 에너지를 최소화하자는 의지에서 싹튼 것입니다.

에너지 사용량 최소화가 목표이므로, 당연히 전기 트럭에도 투자했습니다. 그러나 이것 역시 1~2년 안에 달성할 수 있는 목표가 아닙니다. 하지만 스카니아는 장기적으로 꼭 달성할 수 있다는 확신을 가졌습니다. 현재 스카니아는 이 목표를 대부분 달성했습니다. 에너지 효율성, 대체 연료 및 전기화, 스마트하고 안전한 운송이라는 세 가지 키워드에서 유의미한 성과를 증명해냈습니다. 스카니아는 '에너지 소비량을 줄여서 탄소 배출량을 90%까지 낮추겠다.'는 목표도 내걸었습니다. 생각해 봅시다. 이게 단순히 환경을 위한 공익 활동일까요? 그렇지 않습니다. 실제 자동차를 운행하는 일반 소비자들에게도 큰 도움이 됩니다. 쉽게 말해 기름이 덜 드는, 에너지 효율이 아주 좋은 자동차인 것입니다. 들어가는 기름값이 크게 줄어드니 소비자가 선호하는 것은 당연한 결과이고, 잘 팔릴 수밖에 없습니다.

스카니아와 같은 투자 사례는 전형적인 ESG 사례입니다. 하지만 우리나라 기업들은 아직 ESG를 이런 장기적인 측면으로 보지 못하고 있습니다. 대부분 올해, 당장 성과를 내려고 합니다.

물론 노력하는 것은 훌륭한 일입니다. 다만, 단기 성과주의 자체가 ESG의 본성과 맞지 않는다는 것이 문제입니다. 우리나라 기업들이 ESG를 고민할 때, 이 문제를 꼭 생각해야 합니다. 단순화시켜서 말하면, ESG는 기업의 장기적인 가치와 연관되어야 합니다. 그러나 기업의 장기적인 가치를 '착한 기업이 좋은 기업이야.'라는 식으로 낭만적으로만 해석해서도 안 됩니다. 이것은 사회적인 관점일 뿐, 기업 경영 측면에서 ESG를 볼 때는 착한 이야기로만 볼 수는 없습니다. 장기적인 가치 변화를 통해 기업도 성장해야 하기 때문입니다. 기업은 ESG를 하며 10년 후에도 성장하고 있어야 하고, 그 성장의 주요 요인은 환경, 사회, 기업의 의사결정 구조와 관련되어야 합니다. 그러므로 ESG를 단기적인 관점으로 보는 것이나, 비용이나 매출이 전혀 관련 없는 착한 이야기로만 보는 관점으로 보는 것은 모두 지양해야 합니다. 물론 '착하게' 기업을 꾸리는 것도, 그렇게 대중과 소통하는 것도 좋습니다. 브랜드 평판이나 이미지에도 도움이 됩니다. 그러나 대부분의 경우에 이런 설명은 지나치게 모호하고 애매합니다. 이런 설명은 기업의 목적 달성에도 도움이 되지 않습니다. 기업이 할 일은

"이 전략을 이런 방식으로 시행해서 비용을 줄이고 매출을 높일 것입니다."와 같이 설명하는 것입니다. 예를 들면 "이러이러한 액션을 통해 에너지를 적게 소모해 미래 비용을 줄일 것입니다. 이것이 바로 기업과 사회가 상생하는 ESG입니다."라고 투자자에게 설명하는 것입니다. 이해관계자를 만족시키면서 기업가치를 성장시킬 기회를 찾는 것입니다.

결국 ESG는 환경, 사회, 의사결정 구조가 어떻게 우리의 경영 전략이 되고 경쟁력이 될 것인가에 대한 이야기입니다. 오해해서는 안 됩니다. ESG는 낭만적인 이야기가 아닙니다. 물론 이 기회에 사회와 정부, ESG 전문가들은 ESG라는 단어를 계속해서 사용할 것입니다. 기업이 ESG 경영에 동참하도록 설득할 것입니다. 그러나, 기업이 착해져서 성장하는 것이 아니라 ESG를 통해 경쟁력을 만들고, 그 경쟁력으로 성장한다는 사실을 꼭 기억해야 합니다. 모두가 '환경, 사회, 지배구조 또는 의사결정 구조가 기업의 미래가치와 연결되어 있을까?'에 대한 답을 찾고 있는 것입니다. 이 논리 구조를 해킹하는 것이 바로 ESG입니다. 단기 전략에 집중하거나, 그럴듯한 콘셉트로 씌워진 ESG를 홍보하면서 마냥 ESG가 잘 된다고 설명하지 말고, 구체적으로 우리 기업의 경영 전략과 미래에 ESG가 정말 존재하는지를 고민해야 합니다. 그래야 3년, 5년 뒤 여전히 뛰어난 기업, 리더 기업으로 가치를 인정받을 수 있습니다. 언제나 경쟁자가 있다는 것을 잊지 말아야 합니다. 경쟁자가 우리 회사보다 ESG를 잘 도입하면 우리를 앞서 나갈 것입니다. 가만히 있으면 도태하게 됩니다. 전 세계에 있는 모든 기업이 ESG를 강조하는 것도 이와 같은 이유 때문입니다.

# 박선하 기자가 묻고, 도현명 대표가 답하다

**박기자** 경영의 ESG 논리 구조를 만드는 게 굉장히 중요하다고 말씀을 해 주셨는데요. 다소 추상적일 수 있겠지만, 개념을 잘 이해하는 것이 중요할 것 같습니다. 이 논리 구조, 어떻게 만들 수 있을까요?

**도현명** 실제로 추상적인 게 맞습니다. 굉장히 어렵고요. 그러니까 전 세계적으로도 아직 이것을 잘하는 기업들이 많이 나오지 않은 것입니다. 환경과 사회 부문에 '우리가 어떤 것을 통해 기업에 경영적인 가치를 끌어올릴 것인가?'에 대한 고민을 그동안 구체적으로 해 본 적이 없는 거죠. 시간과 경험이 필요한 측면도 있습니다. 과거에 비해 노동권에 대한 관점이 많이 바뀐 것을 예로 들어보겠습니다. 예전에 우리나라에서는 노동자에게 최대한 적은 임금을 주고 열심히 부려먹어도 된다는 생각이 있던 시절도 있었잖아요? 하지만 지금은 사람에게 일을 주려면 노동법을 지켜야 하고, 또 높은 효율을 내도록 하기 위해서라도 인센티브 등 보상을 잘 주는 것이 좋다는 인식이 있습니다. 결국 이로 인해 좋은 인재를 끌어와야 기업에 도움이 된다는 인식이 널리 퍼졌지 않았습니까? 이런 식으로 논리 구조는 가설 검증처럼 경험과 실례가 더 많이 쌓여야 하는 단계라고 보면 됩니다.

**박기자** ESG 논리 구조를 만들어가는 과정이 기업의 가장 취약하거나 문제가 있는 부분을 드러내는 일이기도 할 것 같습니다. 예를 들어 '우리가 지금은 석유를 이만큼 쓰고 있어.' 하는 걸 드러내야 개선과 평가도 가능하니까요.

**도현명** 기업 입장에서 우리 활동으로 이런 문제가 있다는 걸 노출하는 것은 어려운 일이긴 합니다. 하지만 다행인 것은 지속가능경영이나 CSR과 관련된 논의가 우리나라에서도 십수 년간 반복되면서 정보 공개는 거스를 수 없는 흐름이라는 공감대가 어느 정도는 형성됐다는 것입니다. 기업도 공개가 불가피하다는 것을 받아들일 필요가 있습니다. 더는 숨긴다고 숨겨지거나 흐지부지 넘어가는 시대가 아니기 때문이죠. 차라리 투명하게 공개하고 "지금은 여기쯤 와있는데, 목표는 이렇게 세웠습니다. 이 방식을 쓰겠습니다." 하고 과정을 칭찬받는 편이 현명합니다.

**박기자** 그러니까 완벽하지는 않더라도, 정보 공개 등에 적극적으로 참여하고 개선하는 기업에 대해서는 박수를 쳐주고 독려해 주는 문화도 필요하겠네요?

**도현명** 맞습니다. ESG의 본질은 짧으면 5년, 길면 10년짜리의 경영 전략입니다. 쉘은 탄소 중립 목표 시점이 2070년입니다. 그 목표에 대해서 단순히 너무 늦다고 비난하는 것보다는, 거꾸로 공개한 정보를 바탕으로 지금이 2021년인데 2070년을 감축 목표로 잡는 것이 타당한지, 또 그 과정을 투명하게 공개하고 지금 시점의 목표치를 달성해 나가고 있는지를 검토하고 공론화하는 것이 낫다는 것이죠.

박기자 그렇죠. 그런데 기업이 대비책을 만드는 과정에서 단기적으로는 경영 악재가 올 수도 있을 것 같은데요. 그런 경우에는 어떻게 대처할 수 있을까요?

도현명 경영 악재는 무조건 옵니다. 산업 생태계가 바뀌기 때문에 대비책을 만들지 않고 하던 방식대로 한다고 해도 경영 악재는 올 것입니다. 단지 지금 대비하면서 작게 맞느냐, 나중에 크게 맞느냐의 차이죠. 그래서 이런 변화와 위기에 대응할 힘을 기르자는 것입니다.

박기자 ESG를 추구하는 것은 기업하고 투자자, 또 그걸 지켜보는 사회의 구성원들이 만드는 협력이기도 하겠네요.

도현명 그렇죠. 기업 혼자서 방금 말씀드린 내용을 다 하기는 어렵습니다. 그러니까 투자자도 시간을 주고 기업을 기다려줘야 해요. 원래 투자자의 속성이 한번 돈을 넣으면 몇 년 뒤에 그것을 회수하는 걸 기대하는 거잖아요? 그러면 그 기간을 배려해야 한다는 것이죠. 그리고 사회도 기업이 ESG를 잘했을 때 얻는 이득이 있습니다. 그러니 기업에 대한 응원과 칭찬을 함께 해야 합니다. 다급하게 당장 성과를 내라고 하면 오히려 실패할 수도 있습니다.

박기자 너무 단기적으로, 왜 지금 완벽하지 않냐고 윽박지르면 중요한 정보를 숨기거나 당장 눈가림할 일들을 먼저 할 수 있다는 말씀이신 거죠?

도현명 네. 실제로 그런 일들이 많이 있고요. 그런 일들을 방지하기 위해서는 주제마다, 내용마다 실행 방법을 적극적으로 논의할 필요가 있습니다. 이건 이렇게 따져 보자거나, 이건 장기적 목표로 향후 몇 년간의 계획을 세워 보자거나, 이 정도 노력한 것은 칭찬해 주자거나 하는 것들요. 아이에게 공부 못한다고 자꾸 윽박지르기만 하면 아이는 학습 자체를 위해 노력하기보다 당장 점수를 낼 커닝 방법을 찾기도 하는 것처럼요.

PART **4**

**E**nvironmental

**S**ocial

**G**overnance

# 비즈니스,
# 이해관계자로
# 살펴보는
# 중대성 평가

# 04

# 비즈니스, 이해관계자로 살펴보는 중대성 평가

ESG를 잘하기 위해서는 여러 준비가 필요합니다. 전략을 짤 때는 무엇을 기반으로 할까요? 바로 정보입니다. 그러면 여기서 또 한 가지 문제가 생깁니다. 기업 경영에 관한 수많은 데이터가 있을 텐데, 이 가운데 어떤 것을 정보로 보고 모아야 할까요? 이 결정 과정을 도와주는 대표적인 프레임은 바로 '중대성 평가'입니다. 쉽게 말해 중대성 평가란 특정 이슈나 주제에서 가장 중요한 핵심 키워드를 뽑아내는 과정입니다. 지속가능경영 보고서만 봐도 중대성 평가를 거쳤다는 말이 자주 나옵니다. ESG에서도 비슷한 이유로 중대성 평가를 활용합니다. 한마디로 말해 "지금 우리에게 가장 중요한 키워드가 뭐야?"를 묻는 과정입니다. 그러나 ESG와 지속가능경영의 중대성 평가에는 차이가 있습니다. 지속가능경영에서는 우리에게 어떤 이해관계자가 있고 누가 얼마나 중요한지를 따지는 과정이었다면, ESG에서는 여기에 더해 해당 이슈가 우리의 비즈니스와 얼마나 밀접하게 관련되어 있는지 고민도 하는 과정인 것입니다.

즉, ESG의 중대성 평가는 아래 세 가지 차원을 고민하는 것으로 정리할 수 있습니다.

❶ 이 이슈가 우리에게 중요한가?
❷ 이 이슈와 관련된 이해관계자(고객)가 우리에게 얼마나 중요한가?
❸ 이 이슈가 우리 비즈니스와 얼마나 관련되어 있는가?

보통은 이 고민을 할 때 두 가지 축을 세우는 방식으로 진행합니다.

이해관계자의 중요성

비즈니스 측면에서의 중요성

한 쪽에는 이해관계자의 중요성, 다른 쪽에는 비즈니스 측면에서의 중요성을 둡니다. 그리고 이슈들이 어디쯤에 있는지 점을 찍어서 보여줍니다. 이 방식을 통해 ESG를 부분적으로 평가할 수는 있습니다. 탄소 배출량, 노동자 안전, 여성의 이사회 참여율 등을 평가할 수 있으니 말입니다. 그런데 이때 중요한 것이 하나 있습니다. 해당 이슈와 자사 비즈니스의 관계를 따져서 우선순위를 정하는 것입니다. 우선순위는 왜 정하는 걸까요? 기업이 자원을 투입하고 실행하는 방법과 절차를 정하기 위해서입니다. 과거 사회공헌, 사회책임 논의 정도에서는 첫 번째와 두 번째에 속하는 요소가 중요했습니다. 비즈니스와의 연관성은 사회공헌 활동의 콘셉트를 잡는 정도였습니다. 예를 들어, '우리는 쇼핑 회사라 고객 중 여성이 많으니 여성 이슈를 좀 다뤄 보자.' 하는 식이었습니다. 실제로 '여성의 권익이 보장되어야 우리 회사도 더 성장할 수 있지 않을까?' 하는 고민이 아니라, 콘셉트 측면에서의 논의에 불과했습니다. 그러나 이제는 그 논의의 수준이 더 넓고 깊어졌습니다. 따라서 중대성 평가의 과정도 변화를 요구받게 되었습니다.

그럼 중대성 평가의 과정을 살펴봅시다. 보통 4단계로 이뤄집니다. 처음에는 관련된 이슈 리스트를 구성하는 것부터 시작합니다. 산업에 따라, 최근 국제 이슈에 따라, 우리와 관련된 요소를 스크리닝하는 것입니다. 대표적으로 많은 기업이 사용하는 것이 SASB Sustainability Accounting Standards Board (지속가능회계기준위원회)에서 만드는 산업별 이슈 리스트입니다. UN SDGs UN Sustainable Development Goals (UN 지속가능 발전목표)도 이슈 리스트로 자주 사용됩니다. 이 가운데 우리와 가장 관련이 깊은 것을 뽑아내는 것이 두 번째 단계입니다. 해당 이슈들이 우리의 이해관계자들에게 얼마나 중요한지 이해관계자의 관심도를 분석하는 것입니다. 3단계는 여기서 더 좁혀 나갑니다. 해당 이슈들이 우리 조직, 또는 우리가 추진하는 사업이나 전략에 어느 정도 영향을 미치는지 분석합니다. 그러면 어떻게 될까요? 이해관계자에게 중요한 이슈와 우리 조직에 미치는 영향을 모두 따져 양쪽 모두에게 중요한 이슈가 무엇인지 확인할 수 있게 됩니다. 이것이 바로 '핵심 이슈'입니다.

이때 주의해야 할 것이 있습니다. 바로 분석 과정입니다. 이해관계자의 관심도를 분석하는 과정이 좀 더 진지하고 깊어야 한다는 요구가 생겨났기 때문입니다. 사회공헌용으로 관심도를 분석할 때는 관련 전공 교수를 찾아가 인터뷰하는 방식으로 핵심 이슈를 도출했습니다. 혹은 몇 명을 추려서 FGI Focus Group Interview (집단심층면접)를 진행해 답을 찾았습니다. 그런데 생각해 보면 기업이 신규 비즈니스를 진행할 때 고객 분석을 이렇게 진행할까요? 그렇지 않습니다. 훨씬 더 열심히 합니다. 벤치마킹할 것도 가져오고, 연구 자료도 가져오고, 내부에 있는 연구 인력을 활용해 미래 산업과 세계를 분석해서 청사진을 그려보기도 합니다. 외부 컨설팅을 받아도 훨씬 오랜 기간과 돈을 투입합니다. 그런데 ESG에 대해선 그렇게 하지 않습니다. 중대성 평가를 전문가 몇 명의 몇 시간, 며칠 짜리 분석으로 갈음합니다. 왜 이렇게 하고 있는지에 대해 우리는 꼭 한번 생각해 보아야 합니다. 어떤 것이 문제이고 이슈인지 정확하게 진단하지 않으면 좋은 솔루션은 나올 수 없습니다.

결론적으로 SASB를 활용하는 것은 좋지만 추가적인 노력은 꼭 필요합니다. SK에너지를 예로 들어봅시다. 이 회사는 정유 회사입니다. SASB는 SK에너지와 에쓰-오일 S-Oil 에 같은 내용의 리스트를 제공합니다. 이것을 단순히 활용한다면 두 회사의 ESG 중대성 평가 결과도 같아지게 됩니다. 과연 차별성이 생길 수 있을까요? 각자 회사에 맞는 ESG 전략이 나올 수 있을까요? 따라서 ESG 측면에서 경쟁사들을 이기고 싶다면 좀 더 깊이 연구해야 합니다. 이해관계자도 단지 '정부'라고 포괄적으로 분석하는 것이 아니라 우리 조직에 자주 관여하는 곳으로 분석해야 합니다. 예를 들어 공정거래위원회, 더 나아가 그 안에서의 팀 단위까지 말입니다. 또 단순히 탄소 배출이 문제라고 하기보다는 어떤 과정에서 얼마만큼 나오는 탄소 배출 문제 등 보다 정확히 짚어낼 필요가 있습니다. 그 정도의 논의가 시작되어야 질문이 올바르게 나오고, 좋은 답을 찾을 가능성도 생길 것입니다.

이런 측면에서 보자면, 최근 진행되는 수많은 ESG 컨설팅 과정 역시 아쉬운 점이 많습니다. 중대성 평가가 지나치게 초보적인 수준에서, 이미 답을 다 정해놓은 상태에서 진행된다는 점입니다. 시작이 잘못되면 끝도 틀릴 수밖에 없습니다. 우리는 이 요인들을 충분히 고민하고 시행할 필요가 있습니다. 그런 점에서 ESG 점수 책정에 활용하기 위해 MSCI가 제공하는 이슈 리스트를 참고하는 것을 추천합니다. 산업별로 이슈가 분류되어 있기 때문에 어떤 산업에 어떤 이슈가 중요한지 따져 보기 좋습니다. 예를 들어 음료 회사인 코카콜라Coca-Cola의 경우, 수자원 활용 측면을 주요하게 평가하고, 동물권과 관련해서는 비교적 적은 비중으로 평가합니다. 이처럼 산업별로 서로 다른 이슈를 서로 다른 방식으로 평가하고 분석한다는 점을 이해하면, 고민의 깊이가 달라질 것입니다. 다만, 여기서 광장히 중요한 지점이 하나 있습니다. 바로 ESG 가운데 G, 의사결정 구조가 모든 산업에 공통으로 적용된다는 점입니다. MSCI도 마찬가지입니다. 쉽게 말해, 산업군에 따라 E와 S의 중요성은 달라질지 모르지만, G는 모든 산업 군에 공통적인 기준이 있다는 것입니다. 물론, 요구되는 기준은 기업의 규모, 산업군에 따라 달라질 수 있습니다. 그러나 평가하는 틀이 같다는 점은 변하지 않습니다. 이 방식을 잘 이해한다면 실무적으로 좋은 ESG 평가 점수를 얻는 데 도움이 될 것입니다.

참고할 만한 자료로 오랜 시간 ESG, 지속가능경영을 추진해 온 글로벌 기업의 보고서를 몇 가지 소개합니다. 유니레버, 코카콜라, 나이키, 애플

Apple 등의 지속가능경영 보고서는 아주 높은 수준으로 만들어져 있습니다. 세부 내용은 다르지만 대체적으로 보고서 초반에는 자사가 어떤 방식으로 중대성 평가를 진행했고, 그 결과는 무엇인지 밝힙니다. 특정 기업은 홈페이지에 조사 과정과 데이터를 모두 공개하는 경우도 있습니다. 우리나라 기업도 이제 글로벌 기업과 경쟁하는 것을 목표로 하지 않습니까? 글로벌 기업을 기준으로 목표를 세워야 할 것입니다.

실제로 코카콜라의 지속가능 보고서를 보면 외부에서 코카콜라에게 요구하는 이슈들이 나열되어 있습니다. 그 결과, 다수의 이슈가 발생하는 부분이 유통 및 생산 과정이라는 것을 드러냈습니다. 예를 들어 수자원을 어디서 어떻게 공급하고, 어떤 방식으로 제품을 포장하고 유통하며 판매하는지 등입니다. 특히 원재료, 물에 대한 내용을 중요하게 서술했습니다. 특정 지역에서 수자원을 과도하게 사용하면 물 공급에 어려움이 있을 것이고, 공정 후 사용하고 남은 물을 제대로 정수하지 않고 내보내면 주변이 오염될 것입니다.

따라서 전체 코카콜라의 제조 및 유통에서 가장 중요한 것은 수자원이고, 이들의 ESG는 물에 중점을 두고 있는 것입니다. 특히 E와 S 측면에서 그렇습니다. 수자원 관련 이슈는 코카콜라의 비즈니스에서도, 비용과 리스크 측면에서도 중요한 요소일 것입니다. 문제가 정의됐으니 이제 솔루션을 내놓으면 됩니다. 이처럼 중대성 평가는 우리 비즈니스에 많은 영향을 주면서 사회, 환경에 영향을 끼치는 특정 요소를 발굴하는 수단이 됩니다. 우리도 이와 같은 관점을 갖는 것이 중요합니다. 단순히 감으로 '이거 해보자.'라는 식으로 예쁜 그림을 그리는 접근은 버릴 때가 되었습니다.

이제 중대성 평가 결과를 공유하는 방법을 알아야 합니다. 만약 이를 그래프로 정리한다고 하면 분석의 가장 우상단, 가장 중요한 이슈를 드러내는 곳에 물을 써둬야 합니다. 그 외에 포장 이슈 등이 있을 것이고, 전반적으로는 기후 변화 대응이 가장 중요한 책무라고 해야 할 것입니다. 이런 식으로 정리해야 솔루션을 찾아 나갈 수 있습니다.

문제의 정의가 달라지면 솔루션이 달라지기 때문에 우선순위를 나타내는 과정은 아주 중요합니다. 예를 들어, 어떤 나라에 물이 부족해졌다고 가정해 봅시다. 매년 충분한 수자원이 되어주는 강물이 있었는데, 그 강물이 말라버렸습니다. 그때 일부 사람들이 "먹을 물이 없는 것은 하늘이 노해서 그런 거다."라고 주장했고, 많은 사람이 그 말을 믿는다면 솔루션은 무엇이 될까요? 제사를 지내자고 할 것입니다. 그런데 만약 강의 상류에 지어진 공장에서 물을 많이 소비한다는 사실을 누군가 밝혀냈다고 한다면, 솔루션은 공장이 물을 과도하게 소비하지 않도록 제재하고 대안을 마련하는 것이 됩니다. 아까 언급했던 코카콜라 이야기를 이어가 봅시다. 코카콜라가 중대성 평가를 비즈니스로 어떻게 연계했는지를 살펴 보면 재미있는 부분이 있습니다. 코카콜라는 그들의 이슈 중에서 마케팅을 가장 열위, 즉 상대적으로 중요하지 않다고 말합니다. 기업의 비즈니스에 마케팅은 매우 중요하지만, 이해관계자에게는 큰 의미가 없다는 것입니다. 이러한 분석이 있기 때문에 수자원 활용이나 포장 등 기후 변화에 대한 대응 투자를 끊임없이 하고, 그와 동시에 이러한 시도를 언론 보도 등을 통해 적극적으로 알리는 것입니다. 최근 코카콜라는 페트병을 덜 쓰고 종이로 병을 만들겠다고 알리고 있습니다.

ESG와 지속가능경영 보고서, 중대성 평가 과정에서 꼭 참고해야 할 또 다른 기업이 있습니다. 바로 유니레버입니다. 유니레버는 소비재를 만드는 기업이고, 다양한 제품을 전 세계적으로 판매하고 있습니다. 그러다 보니 이해관계자 접점도 매우 넓다는 문제가 있었습니다. 이들은 중대성 평가에 아주 많은 투자를 하여 결론을 냈습니다. 비즈니스, 이해관계자 측면에서 제일 중요한 것은 포장과 수자원 관련 이슈라고 말입니다. 현재 유니레버는 물과 관련된 펀드를 마련하여 물이 부족한 지역에서 비즈니스 활동을 할 때 적극적인 대안을 내놓고 있습니다. 포장 역시 생분해성 재질을 활용하는 방식으로 대안을 찾아가고 있으며, 외부에 있는 관련 스타트업과도 적극적으로 협업하고 있습니다.

시멕스Cemex라는 멕시코의 시멘트 회사도 좋은 사례입니다. 이 회사는 놀랍게도 자사의 핵심 이슈를 '고객 경험의 부족'이라고 꼽았습니다. 고객은 집을 갖고 싶어 하는데 집이 없다는 것입니다. 타깃 고객층에게 안전한 건물에서 편안한 주거 생활을 하는 경험이 매우 부족하다는 것, 바로 멕시코의 서민층이 겪는 문제였습니다. 시멕스는 이와 관련하여 신사업을 내놨고, 크게 성공했습니다.

이런 식으로 해외 기업을 벤치마킹할 때, 해당 기업의 문제의식이 어디서 출발해서 어디로 향했는지를 면밀히 들여다보는 것은 아주 중요합니다. 장거리 포탄 발사에 비유해 봅시다. 이들은 포탄을 날릴 때 아주 예민한 눈금으로 세밀하게 발사 각도를 조절합니다. 왜일까요? 출발할 때는 0.1cm의 차이가 포탄이 10km, 또는 그 이상 날아간 다음에는 탄착 지점의 어마어마한 차이를 만들기 때문입니다. 지금은 '우리 임원이 이 이슈에 꽂혔다.' 하는 식으로 하루하루 막아나갈 수 있습니다. 하지만 '비즈니스랑 솔직히 무슨 관계가 있는지는 모르겠는데, 결식아동에게 음식을 제공하자고 하시네. 아이 돌보는 것은 중요하니까 이걸 핵심 이슈로 보자.' 하는 식으로 진행한다면 훗날 경쟁업체에게 뒤처질 가능성은 점점 커질 것입니다. 이런 접근은 좋은 사회공헌 프로그램일 수는 있겠지만, ESG 경영은 아닙니다. 유의미하게 비용을 줄이고 기업의 미래를 만드는 프로젝트를 만드는 것이 무엇보다 중요합니다.

지금까지 다양한 해외 기업의 사례를 소개했습니다. 안타깝게도 아직 우리나라 주요 기업 중 좋은 ESG 경영 사례로 꼽을 만한 곳은 크게 떠오르지 않습니다. ESG를 추진하려는 모든 기업의 임원, 담당자에게 중대성 평가, 즉 문제와 핵심 이슈 설정에 지금보다 두세 배 이상의 에너지를 투입하여 깊이 있게 들여다봐야 한다는 당부를 전하고 싶습니다.

# 박선하 기자가 묻고, 도현명 대표가 답하다

**박기자**　ESG라는 개념이 우리 사회에 들어오면서 이해관계자라는 개념이 조금 다듬어진 것처럼 보입니다. 기업의 이해관계자라는 개념이 어떻게 달라졌나요?

**도현명**　정확하게 말하면 이해관계자의 기준이 새로 생겼죠. 쉽게 말해 '우리에게 NO라고 얘기할 수 있는, 영향을 끼치는 모든 존재가 기업의 이해관계자'라는 식으로 확장이 됐습니다. 물론 그렇다고 '모든 한국인' 이런 식은 아닙니다. 오히려 좀 더 세분화, 구체화되었습니다. 폭이 넓어지되 다면화되었다고 설명하는 편이 좋겠습니다. 이건 당연한 겁니다. 기업이 달라지면 이해관계자도 달라져야 하는 게 맞죠. SK에너지와 삼성전자의 이해관계자가 같지는 않을 테니까요. 기업 소재지도 다르고, 임직원 숫자도 다를 겁니다. 내부 조직 구조도 다를 것이고요. 이런 식으로 논의를 구체화했다는 게 ESG의 이해관계자 논의의 가장 큰 변화입니다.

**박기자**　이해관계자를 정하는 방식과 통일된 측정 기준은 없다는 건가요?

**도현명**　있을 수가 없습니다. 통일된 측정 기준은 당연히 존재하지 않지만, 다만, 어떤 정보들을 주로 공개하길 기대하는지에 대한 합의는 마련되는 것 같습니다. 기존 UN PRI, GRI Global Reporting Initiative 등의 지표들을 끌어오거나 전 세계 단위에선 서스테이널리틱스 Sustainalytics 나 아라베스크파트너스 Arabesque Partners 같은 곳에서 데이터를 수집하고 AI로 처리해 통계를 내고 있죠. 그러니 아마 1~2년 뒤에는 정리가 될 것 같습니다. 어떤 지표들이 주로 사용된다고 말할 정도의 수백 개 정도의 지표, 각 산업별로는 한 백여 개 정도의 남짓한 지표들이 마련될 것으로 기대하고 있습니다.

박기자 우리나라 기업들은 말씀하신 국제 지표가 우리나라 기업 상황에 맞지 않는다면서 K-ESG가 필요하다는 말도 많이 하는데요. 그 부분에 대해서는 어떻게 보시나요?

도현명 저는 동의하지 않습니다. 물론 저도 K-ESG의 의도는 이해해요. 특히 공공기관이나 공기업, 혹은 ESG를 바로 적용하기 어려운 중견 이하 기업들을 위해서 가이던스가 필요하다는 점엔 동의합니다. 그런데 대기업들에게 K-ESG는 굉장히 불편한 일이에요. 상장된 대기업은 외국인이나 외국에 연계된 금융이 많은 경우 20% 이상의 지분을 가지고 있기도 합니다. 그럼 그들을 어떻게 설득하라는 겁니까? 기준이 달라져 버렸으니 국내용, 국외용을 따로 만들라고 할 수도 없고요. 논의가 잘못된 측면이 있다고 봅니다. 다행히 현재 제시된 K-ESG는 전문가들의 의견을 받아들여서 일종의 가이드가 될 수 있는 핵심 지표 수준에서 제시가 되고 있습니다.

ESG의 핵심 메시지가 무엇이고, 그것을 어떻게 한국 기업들이 잘 드러내며 변화할 수 있는가에 대해 논의하는 게 아니라 우리에게

맞는 새로운 평가체계가 필요하다는 것은 잘못된 주장이죠. ESG
의 핵심 원칙은 앞서 설명했듯 단순하며, 거기엔 한국 기업이라는
특수성이 큰 의미가 없습니다. 마치 한국인들이 TOEFL을 어려워
하기 때문에 TEPS 시험을 만들었지만, 그렇다고 한국인들의 영어
능력치가 오르는 게 아닌 것처럼요. 배경과 의도는 이해하나, 시
대착오적인 생각이라고 봅니다.

# 5

## ABC 프레임워크
## 기준과 주요 내용

# ABC 프레임워크
# 기준과 주요 내용

ESG 경영을 이해할 때, 이를 사내의 특정 프로젝트 중 하나로 생각하는 관점은 옳지 못합니다. ESG 경영은 기업이 ESG와 관련된 다양한 활동들을 전략적으로 구조화하고, 그 전략을 수행하기 위해 실시하는 일련의 과정을 모두 의미합니다. 세부 내용을 차지하는 하나하나의 활동을 '포트폴리오'라고 합니다. 포트폴리오를 잘 구성해서 어느 부분이 비었고, 어느 부분이 과한지 고민하고 통찰하는 능력이 필요하며, 이 과정에 활용할 수 있는 좋은 프레임워크가 필요합니다.

여기서 추천하는 프레임워크는 IMPImpact Management Project 라는 글로벌 투자자 이니셔티브가 ESG나 소셜임팩트를 측정하기 위해 사용하는 'ABC' 프레임입니다. A는 '피하다'는 뜻의 'Avoid'를 의미합니다. 즉, 우리가 끼치는 악영향을 줄이자는 의미입니다. B는 이해관계자에게 기여하자는 'Benefit Stakeholders'를 의미합니다. 주요 이해관계자들의 어려움을 해소하도록 노력하자는 것입니다. C는 우리 사회에 필요한 새로운 솔루션을 만들자는 뜻의 'Contribute to Solutions'입니다. IMP를 구성하고 있는 전 세계 주요 투자자들은 비영리단체, 소셜 벤처, 사회적기업에 투자할지 결정할 때, ABC 프레임을 기본적으로 활용하고 있습니다.

ESG 중 환경을 예로 들어 조금 더 알아봅시다. ABC 중 A는 어떻게 측정할까요? 기업이 생산 활동을 하면서 불가피하게 만드는 부정적 영향이 있을 텐데, 이를 최소화하는 것을 의미합니다. 지속가능경영에 대한 논의가 시작된 지 100년이 넘었지만, 아직 많은 악영향이 나오고 있습니다. 특히 경제 규모가 성장하면서 영향은 더 커지게 되었습니다. 쉽게 생각해서 제품을 생산하면서 쓰는 에너지, 배출하는 폐수나 오수, 폐기물이 있습니다. 이러한 것을 줄이며, 가능하면 없애자는 것입니다. 이는 단순히 착한 이야기라는 점에서 나아가, 정부와 사회로부터의 제재로 인한 비용을 관리하는 측면이라고 보면 됩니다.

기업이 이를 적용하는 데는 어려운 점이 있습니다. 그렇지 않다고 생각하는 경우도 많겠지만, 국내 대기업의 경우는 업력이 오래됨에 따라 어느 정도 노력해 온 것도 사실입니다. 규제와 사회적인 비판도 많은 영향을 주었습니다. 그러나 지금 수준의 '어느 정도'가 아니라 90점 이상으로 올려야 세계 무대에서 경쟁하고 리스크를 줄일 수 있다는 것이 우리에게 주어진 과제입니다. 환경문제를 해결하는 데는 상당한 비용 투자와 시간이 필요합니다. 공정 과정에서의 탄소 배출량을 줄이고, 배출하는 오수의 양도 줄이면서 질적 관리도 해야 합니다. ESG의 E를 만족시키기 위해 기업이 갖는 부담이 상당히 큰 것은 사실입니다. 그러나 반드시 필요한 노력이라는 점은 변함이 없습니다. 노력하지 않으면 투자를 받을 수 없기 때문입니다. 실제로 일본의 노트북을 만드는 거대 회사인 도시바Toshiba는 이러한 위기를 겪은 대표적인 기업입니다. 과거 도시바 노트북은 유럽에 많이 수출했으나, 도시바 노트북을 취급하지 않겠다는 유럽 유통망의 보이콧 연락이 늘어났습니다. 그들은 도시바 노트북의 제품 생산 과정에서 환경오염이 크다는 것을 지적했습니다. 도시바는 어떻게 했을까요? 발등에 불이 떨어진 이후 부랴부랴 대응에 나섰습니다. 도시바의 사례에서 보듯이 실제 A의 영향이 작동하고 있습니다. 그래서 당장 어렵더라도 꼭 시작해야 하는 일, 피할 수 없는 흐름이라고 받아들여야 합니다.

B에서 중요한 것은 자사가 만든 문제가 아니더라도 지역사회의 가장 큰 문제를 파악하고, 그를 해결하는 데 기여할 방법을 찾아야 한다는 것입니다. 자사에 크게 중요하지 않더라도, 우리의 주요 이해관계자에게 무엇이 중요한 문제인지 고민해 봐야 합니다. A는 기업이 만드는 문제라면, B는 그렇지 않습니다. 하지만 주요 이해관계자의 문제이니, 비즈니스의 주요 문제가 될 여지도 큽니다. 반대로 이것을 해결한다면 매출이 직접적으로 늘거나 고객 대응에서의 리스크가 줄어들 수 있습니다. 그러면 고객 저변도 늘어나고, 고객과의 신뢰도 쌓일 것입니다. 예를 들어 어떤 기업이 공장을 지은 후, 그곳에서 발생하는 오수나 폐수를 중수처리기술*을 이용하지 않은 채 배출하고 있다고 가정해 봅시다. 게다가 그 공장이 있는 마을은 물이 부족한 상황이거나, 혹은 수질이 나쁜 상황이라고 가정해 봅시다. 이때 이 기업이 보유하고 있는 중수처리기술로 깨끗한 물을 사람들에

게 제공한다면 어떨까요? 지역 사람들은 해당 기업을 환영하고 아끼게 될 것입니다. 더 확장되면 중수처리 설비를 만드는 것이 이 기업의 새로운 비즈니스 모델이 될 수도 있습니다. 또한 새로운 설비를 확장하거나, 공장을 건립할 때, 지역민들과의 소통도 쉬워질 것입니다. 결국 매출이 쉽게 늘어날 수 있게 되는 것입니다. 이처럼 기업이 직접 만든 문제는 아니지만, 이해관계자들이 겪는 어려움을 해결하려고 고민하다 보면, 결국 기업의 미래가치가 만들어지기도 합니다. 실제 많은 기업이 전 세계 곳곳에 있는 이해관계자의 만족을 위해 그들의 어려움을 분석하는 데 상당한 노력을 기울이는 것은, 이를 통한 ESG 경영이 기업 성장의 밑거름이 되기 때문입니다. 이러한 고민의 과정을 통해 힌트가 생겨나고, ESG 경영 수행이 쉬워지기 때문입니다.

C는 기존의 문제가 있으나 아직 솔루션이 없는 상황에서 솔루션을 만들어 보는 것입니다. 이때 솔루션이 없다는 것은 단지 기업 수준뿐만이 아니라 전 세계적, 혹은 지역 단위 수준에서 살펴 보아도 존재하지 않는 경우가 있을 수 있습니다. 그럴 때 '그동안 세상에 없었던 솔루션을 새롭게 한 번 만들어보자.' 하는 것이 C에 해당합니다. 이 영역은 신사업 발굴과 직접적인 관련이 있습니다. 기존에 없던 솔루션이 나오면 새로운 비즈니스 기회가 생기는 것이니 당연합니다. 보통 이런 경우는 정부, 기업, 비영리 단체까지 새로운 솔루션을 찾으려고 노력하고 있을 것입니다. 그러니 기업이 내놓는 솔루션은 정부나 해당 분야의 전문성을 가진 비영리단체의 기존 솔루션보다 나아야 합니다. 그래야 기업가치 상승을 이룰 수 있습니다. 그러므로 당연히 C는 매우 어렵습니다. 다만, 새로운 솔루션이 만들어지면 기업의 성장에 큰 도움이 됩니다. 새로운 브랜딩과 평판, 인정, 시

장까지 얻을 수 있습니다. 그래서 CSV나 기업 전략 측면에서 사회적 가치는 솔루션 개발에 초점을 둔 경우가 많습니다.

대표적으로 환경 분야에 머스크Maersk라는 해운 회사의 사례가 있습니다. COVID-19로 비행기 운행 대수가 줄어들자 항공 운송 비용이 높아졌습니다. 자연스레 해상 운송으로 물동량이 몰렸고, 이에 따라 탄소 배출량도 늘어나게 되었습니다. 교통, 운송 비용은 전 세계 탄소 배출에서 가장 큰 비중을 차지하며, 그 가운데 선박은 약 30% 정도를 차지하고 있습니다. 해상 운송의 경우 대부분 품질 낮은 기름을 사용하다 보니 바다 환경에 나쁜 영향을 끼쳤고, 이로 인해 규제도 시작되었습니다. 머스크는 해상 운송 분야에서 탄소 저감 기술이 중요해진다는 것을 일찍이 깨달았습니다. 이들은 전기 자동차조차 시장에 자리 잡지 못했던 시절부터 전기로 움직이는 대형 선박 제작에 나섰습니다. 어마어마한 전기량이 필요하기 때문에 당시에는 과연 제작이 가능할지 의심하는 목소리가 컸습니다.

하지만 머스크는 약 40여 개 외부 조직과 협업해서 각고의 노력을 쏟았습니다. 그 결과 컨테이너 사이즈의 배터리를 만들고, 내비게이션 시스템을 개선하였습니다. 이 내비게이션 시스템은 최단거리와 최고속도를 고민했던 기존과 달리 위성을 통해 에너지 절약에 최적화된 항해 경로를 찾을 수 있는 시스템이었습니다. 결국 배터리, 인공위성, 내비게이션, 태양광 충전 기술, 물을 재사용하는 기술까지 포함해 새로운 솔루션을 가진 대형 선박을 만들게 된 것입니다. 아직 완성되진 않았지만, 조만간 시제품이 나올 것이라는 기대를 받고 있습니다. 새로운 솔루션을 만드는 것은 쉬운 일이 아닙니다. 투자, 연구, 시간이 모두 필요합니다. 그러니 쉽게 이런 결정을 할 수 있는 것은 아닙니다. 기존 사회공헌과 가장 큰 차이가 있는 부분도 바로 이 C입니다. 단지 아이디어 하나로 해결되는 것이 아니라 장기적인 투자와 개발이 필요합니다. 어렵지만, 장기적인 가치를 만들어낼 중요한 전략입니다.

이제 살펴볼 만한 이유와 함의가 있는 몇 가지 성공 사례를 살펴봅시다. 먼저 건자재를 판매하는 샵, 홈디포The Home Depot의 사례를 소개합니다. 코스트코Costco와 같은 형식으로 건자재만 판매하는 홈디포는 대부분 도시 외곽에 매장이 있습니다. 그러다 보니 주변 지역이 저소득층의 주거지이거나 슬럼가인 경우가 많았습니다. 이런 곳은 아이들이 시간을 보낼 곳이 마땅치 않아 길거리를 헤매는 경우가 많습니다.

문제는 홈디포 주변에 물류 차량부터 고객 차량까지 차량 통행량이 많다는 점이었습니다. 외곽이니 차들은 속도를 높여 달렸고, 지역 아이들이 교통사고에 노출되는 문제가 생겨났습니다. 홈디포가 없는 지역에 비해 있는 지역의 교통사고율이 50% 정도 높다는 통계가 나오는 상황에 이르자, 사회적으로 큰 비난을 받게 되었습니다. 해결책 찾기에 나선 홈디포는 한 소셜 벤처와 함께 솔루션을 찾았습니다. 비영리형 놀이터를 만드는 카붐Kaboom 이라는 놀이터 전문 소셜 벤처였습니다. 홈디포는 카붐과 함께 놀이터가 들어서기 어려운 공간에 아이들을 위한 공간을 만들었습니다. 이렇게 만든 놀이터에서 아이들이 놀도록 유도했더니 교통사고율은 크게 감소했습니다. 또한, 다른 지역의 교통사고율까지 낮아지는 효과로 이어졌습니다. 이 솔루션이 작동하는 것을 확인한 홈디포는 전국에 1천 개의 놀이터를 만들기로 했습니다. 이는 단순히 놀이터를 만드는 것이 아니었습니다. 지역민들과 협업하고, 정부나 지방자치단체에게 장소를 제공받으며, 자사 직원이 자원봉사자로 참여하는 프로젝트였습니다. 점점 홈디포에 대한 지역 주민들의 호감도는 높아졌습니다. 매출은 늘어났고, 교통사고 보상비 등으로 위험 관리 차원에서 들던 비용은 크게 줄었습니다. 홈디포에게는 큰 성공의 계기가 된 것입니다.

H&M의 사례도 굉장히 재미있습니다. H&M은 패스트패션 대표 주자중 한 기업입니다. 유니클로Uniqlo, 자라Zara와 함께 저가에 옷을 공격적으로 내놓는 H&M은 상업적으로 성공했으나 수년 전부터 에너지와 자원 낭비를 조장한다는 점에서 크게 비판받았습니다. 결국 이들은 사용하는 면화를 100% 지속가능한 면화로 대체하겠다고 선언했고, 2020년 그 목표를 달성하였습니다. 현재는 버튼, 실까지 지속가능한 방식으로 조달하겠다고 밝히고 목표치를 달성해 나가는 중입니다. 그 덕분일까요? 엠마 왓슨Emma Watson과 같은 유명인들로부터 사랑을 받고, MZ세대에게 호감도도 높아졌습니다. 패스트패션 업계 1위로 자리 잡게 된 데에는 이 전략이 크게 유효했다는 평을 받고 있습니다. 몇 년 전 위기를 겪으며 주가가 내려갔으나, 최근에는 주가 회복에도 성공하였습니다.

개발도상국의 사례도 있습니다. 엠페사M-Pesa는 영국의 휴대폰 제조회사 보다폰Vodafone이 케냐에 진출해 만든 자회사입니다. 보다폰은 새로운 지역에 진출했으니 지역사회에 기여하면서 스며들기로 전략을 세웠습니다. '베네핏 스테이크홀더Benefit Stakeholders, 이해관계자에게 기여하자'는 것이었습니다. 이들은 지역 사람들이 당시 겪고 있던 가장 큰 문제 중 하나가 빈곤이라는 것을 알게 되고, 이를 해결할 방법을 고민하였습니다. 그 과정에서 지역 사람들이 빈곤한 이유 중 하나가 송금이 어렵다는 점, 그래서 해외나 국내 다른 지역에서 돈을 벌어도 돈이 현지까지 들어오는 데 너무 오랜 시간이 걸린다는 점을 알게 되었습니다. 당시 케냐의 송금 기술은 좋지 못하였고, 은행까지 갈 수 있는 사람은 아주 소수여서 돈은 인편으로 전해지고 있었습니다. 보다폰은 그들이 가지고 있던 기술과 스타트업 협업을 통해 '엠페사'라는 모바일 송금 솔루션을 제공했습니다. 쉽게 생각하면 문자로 소액을 주고받는 방식이었습니다. 휴대폰 번호를 활용해서 아주 간단하게 돈을 주고받을 방법을 마련한 것입니다. 그리고 여기에 단순히 송금 기능만 넣은 게 아니라 결제수단으로도 쓰고, 제휴를 맺은 동네 가게에서 수수료의 일부를 지불하면 출금까지 할 수 있도록 했습니다. ATM 역할을 하도록 한 것입니다. 송금, 결제, 인출, 입금이 모두 간편해지니 빠르게 돈이 돌기 시작했습니다. 돈이 빠르게 돌자 지역사회의 소득 증대 효과가 아주 짧은 시간 내 15% 이상 상승하였습니다. 개발도상국 저소득층에게는 아주 대단한 일이지 않습니까? 지역사회에 기여하면서 보다폰 역시 크게 성공했습니다. 엠페사를 론칭한 케냐 보다폰 자회사의 매출이 보다폰의 케냐 전체 매출의 약 20% 정도를 차지할 정도였습니다. 회사 입장에서도 아주 의미 있는 신사업을 만들게 된 것입니다. 비즈니스의 핵심 이슈와 미래가치, 이해관계자들의 이슈를 통합적으로 바라보고 성공을 만든 아주 좋은 ESG 사례입니다.

# 박선하 기자가 묻고, 도현명 대표가 답하다

**박기자** 투자자가 ESG 리스크를 제대로 관리하지 못하는 기업들의 감시를 늘리고 있다고 하는데요. 어떤 움직임이 나오고 있는 거죠?

**도현명** 유럽에 있는 대부분의 연기금이 ESG에 투자하기 시작했고, 한국의 연기금도 2021년부터 50%의 주식에 대해 ESG를 추종하겠다고 밝힌 상황입니다. 자본시장에서 큰 힘을 가진 자산보유기관이 "ESG 경영을 도입해야 내가 보유한 자산을 관리할 권한, 투자 받을 기회를 주겠다."라고 해서 전 세계 모든 금융사들이 바뀌고 있습니다. 그래서 일본, 미국의 은행이 탈석탄 흐름에 크게 힘을 실어 주었습니다. 석탄 투자 기업에 추가 금융 주입을 멈추라는 것이죠. 굉장히 과격한 변화입니다. 일본에서 이러한 흐름이 시작됐다면, 우리나라의 금융사에서도 3년, 5년 안에 이런 일들이 일어날 것으로 보고 있습니다.

**박기자** 블랙록은 한국전력공사나 삼성에도 서한을 보내서 베트남이나 인도네시아에서 진행하고 있는 석탄 발전에 대한 투자를 철회하라는 이야기도 많이 했죠. 그 의미가 아주 크다고 봅니다. 블랙록 같은 투자사들이 처음부터 착한 기업에만 투자해 온 것이 아니잖아요.

전 세계 최대 규모의 투자사인 만큼 과거엔 이런 부분을 고려하지 않고 단기 수익이 많이 나는 곳에 투자해 왔으니까요.

도현명 블랙록이 바뀐 이유에는 크게 두 가지가 있습니다. 하나는 블랙록이 너무 커졌기 때문입니다. 말씀하신 대로 세계 1위이죠. 그러다 보니 앞으로 전체 생태계가 건전하고 지속가능하게 발전하지 못하면 블랙록도 더 성장하기 어려운 구조까지 왔습니다. 두 번째는, 아주 단순하게 돈이 되기 때문입니다. 단기 수익 창출은 아니더라도 중장기 수익 창출에서 유리한 지점을 발견했다는 거예요. 이걸 발견하지 않았다면 블랙록은 절대로 시행하지 않았을 것입니다. 한국전력공사나 삼성 등 우리나라 국내 대기업들에게 블랙록이 경고를 하는 영역은 다 동일해요. '탈석탄'입니다. 탈석탄에 집착하는 이유는 뭘까요? 미국 상황을 보면 답이 나옵니다. 미국 바이든 Joe Biden 대통령은 탄소세를 주장하고 있습니다. 탄소를 만들면 세금을 내라는 것인데, 유럽도 동의하고 있습니다. 이 두 시장만 합해도 전 세계의 65%입니다. 당연히 탄소 배출량이 많은 기업은 수익성이 떨어지죠. 블랙록이 환경시민단체도 아니고 '지구가 아픈데 어떻게 기업이 환경문제를 일으키나요?' 하는 식으로 접근하지 않았죠. 그런 의미에서 블랙록의 변화는 의미가 큰 것이죠. 그러나 문제는 이런 식으로 움직이는 자산은 전체 자산의 극히 일부분입니다. 블랙록의 ESG 도입 역시 초기 단계이기 때문에, 아직 이전 포트폴리오와 기존 전략을 검토하는 단계에 있다고 봅니다.

**박기자** 블랙록은 ESG 리스크를 관리하지 않았을 경우 추가 부담하는 비용들이 늘어나기 때문에 자사의 투자금 회수나 수익률에 직접적인 영향을 받는 상황이라고 본다는 말씀이시군요. 그러면 반대로 ESG가 위기가 아니라 기회가 되는 기업들도 있을 텐데요. 그런 사례도 말씀해 주시죠.

**도현명** 최근에 굉장히 재미있는 일이 있었어요. 한 사모펀드, 그러니까 금융기관이죠. 이곳이 중견기업을 산 사례입니다. 흔한 일입니다. 경영을 정상화하고 조정해서 가치를 높여 몇 배로 파는 게 이들의 일이죠. 그 작업을 수행하고 있는 유명한 사모펀드인데, 여기에서 저한테 갑자기 ESG와 관련된 정보와 컨설팅을 의뢰하는 것입니다. 그래서 무슨 일인가 하고 봤더니 매입한 중견기업들을 또 다른 글로벌 회사에 판매하려고 하는데, 이들이 ESG를 반드시 검토한다는 거죠. 즉, 전혀 ESG를 신경 쓰지 않고 수익을 노리는 회사에서도 ESG를 따지게 된 것입니다. "도대체 ESG가 뭔데?", "그거 어떻게 하는 건데?"라는 질문을 시작한 거죠. 전 세계의 사모펀드, 헤지펀드 등에서도 이런 일이 일어나고 있습니다.

**박기자** ESG를 잘 관리하면 비용을 줄일 수도 있고, 새로운 투자나 매각 기회가 생기기도 한다는 말씀이시네요. ESG가 위기일 수도 있지만, 기회일 수도 있다는 말씀으로 이해가 됩니다.

## PART 6

**E**nvironmental

**S**ocial

**G**overnance

'커피 찌꺼기'
하나로 살펴보는
다양한
기업 활동 사례

# '커피 찌꺼기' 하나로 살펴보는
# 다양한 기업 활동 사례

기업들의 ESG 관련 담당 실무자나 임원들이 늘 물어보는 두 가지가 있습니다. 하나는 "이건 ESG 사업이 맞나요?" 하는 질문이고, 다른 하나는 "경쟁사가 하는 사업이라 우리는 이 주제 안 합니다. 다른 주제 없나요?" 하는 것입니다. 그럴 때 저는 항상 똑같은 대답을 합니다. "질문이 잘못됐습니다." 왜 그럴까요?

일단 첫 번째 질문부터 따져보겠습니다. '이건 ESG가 맞아요?' 하는 질문입니다. 우리는 ESG를 채점자가 있는 시험처럼 생각하는 경우가 많은데, 바로 그 태도가 틀린 것입니다. 기업의 가치가 상승하면 결국 시장이 우리를 평가할 것이기 때문입니다. 그러므로 단순히 이게 ESG가 맞느냐는 질문은 틀렸습니다. 의미가 없는 질문입니다. ESG를 통해 어디로 향하는지에 대한 기업 내부의 합의가 없다는 것을 드러내는 질문일 뿐입니다. 따라서 목표가 무엇인지 설정하고, 그것을 어떤 과정을 통해 달성해 나가는지를 따져 보는 데 집중해야 합니다. 한국 기업의 지속가능 보고서에는 특징이 있습니다. 목표가 없다는 것입니다. 어떤 프로젝트를 해서 2030년까지 뭘 달성하려고 하는지가 대부분 빠져있습니다. 반면, 전세계적인 ESG 선진 기업으로 불리는 유니레버 등의 기업들은 모두 목표가 있습니다. 그래서 이 목표를 향해 가는 데 자사가 이런 일을 하고 있고, 여기쯤 왔다는 정보를 공개하고 있습니다. 그런데 우리나라 기업은 "이거 ESG라고 해도 되나요?" 또는 "맞다고 해 주시면 안 돼요?" 하는 식의 질문을 던지고 있으니, 기업의 자원과 담당자의 에너지가 아깝다는 생각이 드는 것입니다.

두 번째, 경쟁사가 다루니 우리는 안 하겠다는 말도 틀렸습니다. 주제는 회사를 철저히 분석해서 나와야 합니다. 이해관계자와 비즈니스에서의 중요도를 따져서 무엇을 할지 결정해야 하는 것입니다. 그런데 경쟁사가 그 내용을 다루는지를 따지는 것은, 핵심은 두고 외피만 따지는 격입니다. 같은 주제를 다루더라도 방향이나 방식은 전혀 다를 수도 있기 때문입니다. 사회공헌 프로그램을 만들 때는 그런 고민이 의미가 있습니다. 실제로 기업은 돈만 대고 비영리기업이나 소셜 벤처가 프로그램을 운영하기에 기업이 하는 고민의 깊이가 얕은 경우도 많기 때문입니다. 그러나 비즈니스, 특히 가치사슬과 연결되면 기업마다 차이가 날 수밖에 없습니다. 자사의 이슈에 집중하면 내용은 저절로 달라진다는 것입니다. 그러니 이런 고민은 할 필요가 없습니다.

이제부터는 심층적인 사례 네 가지를 소개합니다. 같은 주제와 소재를 다루지만, 방식이 전혀 달랐던 사례들입니다. 단, 여기에서 제시하는 앞의 두 사례는 제대로 된 ESG 프로젝트라고 하기는 어렵습니다. 사회공헌이나 CSR에 가깝습니다. 그럼에도 하나의 소재에서도 여러 유형의 프로젝트가 나온다는 점을 꼭 눈여겨보기 바랍니다.

사례의 소재는 '커피 찌꺼기'입니다. 사람들이 커피를 많이 마시는 만큼 커피 찌꺼기도 많이 나옵니다. 국내에서 연간 20만 톤 이상의 커피 찌꺼기가 나온다고 합니다. 수많은 커피 찌꺼기는 현재 종량제 봉투에 배출하게 되어 있는데, 결국 땅에 묻힌다는 뜻이 됩니다. 그렇게 되면 당연히 탄소가 나올 것입니다. 이 문제를 해결하기 위해 나선 네 기업이 있습니다.

첫 번째는 한국 스타벅스Starbucks입니다. 스타벅스는 커피 찌꺼기를 비료화하는 작업을 오랫동안 해 왔습니다. 그리고 그 비료를 영세 농가에 나눠줬는데, 특히 제주도 농가에 많이 제공했습니다. 농가는 비료 구매 비용을 아끼게 되니 소득증대 효과를 얻게 됩니다. 단순하지만 잘 짠 사업입니다. 스타벅스의 핵심 비즈니스와 관계가 있으면서, 모두 직영이니 수행도 어렵지 않습니다. 일반 프랜차이즈는 점주들에게 모두 동의를 얻어야 하니 수행이 어려울 수 있습니다. 또한, 임직원 자원봉사자가 배분을 담당하게 한 점도 성공 요인 중 하나였습니다. 잘 알려졌듯이, 스타벅스는 모든 직원을 아르바이트가 아닌 정직원으로 채용하고 있습니다. 그러니 임직원 봉사활동까지 잘 엮어서 훌륭한 프로젝트를 만들어낸 셈입니다. 단순하지만 자신들의 장점을 극대화한 사례입니다.

두 번째는 일본 스타벅스입니다. 일본과 한국 스타벅스 중 어느 쪽이 낫다고 이야기하려는 것은 아닙니다. 각자 상황에 맞는 프로젝트를 만들어낸 사례로 들어주기 바랍니다. 일본 스타벅스는 농가에 비료를 제공하면서 한국 스타벅스와는 다른 방법을 시도하게 됩니다. 바로 축산 농가들의 어려움에 집중한 것입니다. 사룟값이 들쑥날쑥한 상황에서 축산 농가들은 사료를 많이 먹는 소들로 인해 부담이 커지고 있었습니다. 게다가 아르헨티나, 브라질 등으로부터 수입되는 소고깃값이 저렴하다 보니 경쟁력에서도 점점 떨어지고 있었습니다. 스타벅스는 우유를 조달해야 하니 축산 농가와의 관계를 잘 유지하고 있었습니다. 그래서 스타트업과 협업해 커피 찌꺼기로 이들을 도울 방법을 찾아 나섭니다. 바로 커피 찌꺼기로 소 사료를 만드는 작업입니다. 하지만 커피 찌꺼기에는 카페인이 있고 기름기가 많아서 사료로 만들기 쉽지 않습니다. 소는 기름기 많은 음식을 먹으면 바로 배탈이 나기 때문에 반드시 기름기를 제거해야 합니다. 스타벅스는 스타트업과의 협업을 통해 커피 찌꺼기에 효소를 넣어 정제하여 소가 먹을 수 있는 질 좋은 사료를 만드는 데 성공했습니다. 소에게 그 사료를 먹였더니 라테를 만드는 데 적합한 부드러운 우유가 나오게 되었습니다. 물론 이 과정을 통해 스타벅스가 큰 수입을 얻은 것은 아닙니다. 그러나 질 좋은 우유 조달의 안정성을 확보했고, 이해관계자들과 좋은 관계를 유지하게 되었습니다. 그 자체로 좋은 ESG 프로젝트라고 하기는 어렵고 좋은 사회공헌이나 CSR에 그치고 있지만 굳이 따지자면, 한국 스타벅스는 부정 요소를 제거하고 피하는 IMP의 ABC 원칙 중 A에 해당하는 솔루션이었다면, 일본 스타벅스는 B에 해당하는 솔루션이었습니다.

세 번째 사례는 국내 스타트업 포이엔4EN입니다. 이 소셜 벤처는 커피 찌꺼기로 고형 원료를 만듭니다. 커피 찌꺼기는 곡물 찌꺼기일 뿐이고 기름기가 많습니다. 어떤 특성을 가지고 있을까요? 잘 탑니다. 이러한 성질을 이용해 일반 파쇄 목재펠릿*보다 잘 타고, 나무보다 오염 물질이 적은 목재펠릿을 만들게 됩니다. 해분, 즉 재도 덜 나게 됩니다. 또한, 환경에도 아주 좋습니다. 포이엔은 우리나라에서는 최초로 커피 찌꺼기로 고형 원료를 만들어 탄소 배출권까지 확보했습니다. 탄소 배출권 확보가 뭘까요? 이 원료를 사용해 목재펠릿을 만들면 탄소를 줄인 것으로 인정해 주겠다는 것입니다. 왜 줄인 것이 될까요? 커피 찌꺼기는 그냥 두면 땅에서 썩으며 탄소를 배출할 텐데, 고형 원료로 만들면 연료비도 저감하면서 배출 탄소도 줄어든다는 것입니다. 이 방식이 중요한 이유가 무엇일까요? 그동안 커피 찌꺼기를 처리하는 방법은 많았지만, 이렇게 혁신적으로 커피 찌꺼기를 처리하지는 못했습니다. 물론 탈취제로 쓰거나 지렁이에게 먹여서 분변토라고 하는 좋은 흙을 만들기도 합니다. 하지만 이런 방식으로 20만 톤이나 되는 커피 찌꺼기를 처리할 수 있을까요? 도대체 지렁이가 몇 마리 있어야 하며, 탈취제는 얼마나 많이 써야 할까요? 현실적으로 변화를 만들기는 어렵다는 뜻입니다. 그런데 목재펠릿 형태의 고형 원료로 만들면 우리나라의 화력 발전소, 대형 발전소는 1~2주 이내에 20만 톤의 양을 다 소비하게 됩니다. 솔루션으로 가치가 있는 것입니다. IMP의 ABC 프레임 중 C에 해당하는 것입니다. 기존보다 월등히 나은 솔루션을 만드는 것입니다. 열량도 높고 재도 적게 나오는데 가격은 비슷합니다. 커피 찌꺼기의 대규모 처리도 가능하고 탄소 배출권도 받습니다. 그러니 대기업 입장에선 당연히 협력하고 싶을 것입니다. 그래서 포이엔은 SK에너지, 신한대체투자의 투자를 받게 됩니다. 그렇게 투자를 확보하고 미얀마에서 땅콩껍질을 가지고 목재펠릿을 만드는 데 성공하고 또 다시 탄소 배출권을 확보하게 됩니다. 이런 방식의 접근은 확장성도 가지고 있다는 것을 증명해냈습니다. 사회문제를 해결하면서 비즈니스를 만드는 전형적인 사례입니다.

네 번째는 쉘과 소셜 벤처 바이오빈Bio-bean의 합작 사례입니다. 쉘은 전 세계에서 가장 많은 석유와 석유 화학물들을 제공, 제조, 시추하는 회사입니다. 이 분야에서 가장 큰 회사인데, 약 10년 전부터 신재생 에너지 스타트업에 투자했습니다. 이들을 지원하고 협력도 합니다. 왜 그럴까요? 본인들이 머무는 석유화학 산업이 지속적으로 내리막길을 걷고 있다는 것을 알아챈 것입니다. 석유는 아직 남아있긴 하지만, 탄소 배출 문제 때문에 계속해서 지적받는 분야가 됐습니다. 그러니 이익금을 가지고 신재생 에너지에 투자하는 것입니다. 그래서 이들 스타트업을 경쟁자로 여기는 것이 아니라 협력할 방법을 찾는 것입니다. 바이오빈은 커피 찌꺼기를 압착해 나온 기름을 바이오 디젤로 변환하고, 그 후 남은 찌꺼기로 고체 형태의 연료인 펠릿을 만드는 회사입니다. 바이오빈에 쉘이 투자도 하고 지원도 했습니다. 그런데 두 기업이 재미있는 프로젝트를 운영하기 시작합니다. 런던 시내 관광지를 다니는 2층 버스를 운영하는 것입니다. 그리고 이 기름이 모두 커피 찌꺼기에서 나오는 바이오 디젤이라는 점을 알립니다. 버스 노선 이름은 '커피 라인'이라고 짓습니다. "너 오늘 집에 몇 번 버스 타고 가?", "커피 라인 타고 가." 이런 식으로 입에 회자되면서 성공한 캠페인으로 주목받습니다. 그런데 이건 단순히 좋은 ESG 사례가 아닙니다. 쉘이 프로젝트를 진행한 데는 이유가 있습니다. 왜 쉘은 런던시와 협상해서 프로젝트를 밀고 나간 것일까요? 단순히 브랜딩을 위해서일까요? 아닙니다. 실제 바이오 디젤로 차를 운영할 수 있는지, 공급 과정에선 어떤 문제가 발생하는지, 정부와의 협상에서 어떤 게 유의미한지를 이해하는 노하우를 쌓고 싶었던 것입니다. 즉, C, 장기적인 솔루션을 만드는 방법을 찾으려는 노력의 일환이었습니다.

자사가 미래에 그려 나가고 있는 신사업이 있습니까? 그중 ESG 요소와 연결되는 것이 있습니까? 그것을 갑자기 성공 사례로 만들어내긴 어렵지만, 작은 협력 사업으로라도 시작을 해 보면 아주 특징적인 사업이 나올 수 있습니다. 이런 과정을 진행하는 데 있어 우리나라에서 가장 문제시되는 것은 SDGs를 단순히 라벨링 하는 관성입니다. 이를 '라벨 워싱 Label-washing'이라고도 합니다. 하던 일을 그대로 하면서 SDGs를 붙이는 것입니다. 간혹 어떤 대기업의 홈페이지에는 여러 색깔의 다양한 SDGs 딱지가 붙어 있습니다. 그렇게 구성체계를 억지로 맞추는 것은 SDGs의 원래 목적도 아니고, ESG를 만드는 자세도 아닙니다. 여기에 '우리 경쟁자가 SDGs 8번을 하고 있어서 우리는 좀….' 이런 태도까지 들어가면 문제는 더 커지게 됩니다. 진짜 중요한 것은 자사 이해관계자와 비즈니스 모델 자체가 깊은 연관이 있는지 판단하는 것입니다. 거기에서 작은 차이점을 만들면서, 승부수를 만들어야 합니다. 냉정한 비즈니스입니다. 이것은 사회공헌이나 착한 일의 수준을 넘어서는 고민이 필요한 영역입니다.

## 박선하 기자가 묻고, 도현명 대표가 답하다

**박기자** 한국의 지속가능경영에는 방향성이 없다고 뼈아픈 지적을 해주셨는데요. 저는 반대로 매일 '방향성을 정했다.', 'ESG 협의체를 만들었다.', '한국의 ESG를 이끌겠다.' 하는 보도자료를 굉장히 많이 받고 있습니다. 그런데도 방향성이 없다는 건 무슨 말인가요?

**도현명** 손에 잡히지 않는 가치관과 세계관을 만드는 건 아주 어려운 일입니다. 그런데 지금 우리나라 기업들이 너무 서두르다 보니 실수가 나오는 겁니다. 두 가지 차원을 강조하고 싶습니다. 첫 번째는 자사의 주요 ESG 이슈가 무엇인지 명확하게 이해하는 기업이 거의 없다는 겁니다. 삼성의 지속가능경영 보고서에 가장 강조된 항목 중 하나가 '윤리경영'입니다. 물론 좋은 말인데요. 삼성의 핵심 경영 전략에 ESG를 녹여내는 단어가 윤리경영일까요? 그렇지 않다고 봅니다. 삼성의 활동을 통해 생겨나는 기후 변화 영향 등이 들어가야 하지 않을까요? 삼성과 견주는 글로벌 기업들이 '윤리경영'을 ESG라고 내세우는 경우는 없습니다. ESG가 무엇인지 제대로 이해하지 못한 겁니다. 두 번째는 목표가 없다는 겁니다. 지금 우리를 진단하고 우리의 주요한 이슈가 무엇인지를 이해하는 게 ESG의 기본이라면, 그래서 어디로 갈 거냐는 겁니다. 우리나라의 지속가능경영 보고서에 가장 특이한 점 중 하나가 목표 없는 결과만 있다는 겁니다. 해외 기업들을 보면 2030년까지, 2050년까지, 2070년까지 우리는 탄소 중립을 이루고 다양성을 만들겠다고 제시하면서, 매년 목표에 기반한 측정 결과를 내놓습니다. 반면 우리나라는 목표 없이 측정값만 내놓고 있어요. 총점이 천인지 만인지도 모르는 상황에서 '지금 120점입니다.' 하는 거죠. 방향 없이 그저 달리기만 해서 생긴 부작용입니다. 지금이라도 정체성, 가치관, 목표를 정립해서 우리 기업이 무엇을 위해 어디로 가는가를 고민해야 합니다.

**박기자** 지금까지 말씀해 주신 내용을 정리해 보면 우리 기업이 ESG를 추구할 때, 정확한 이해관계자가 누구이고, 우리의 목표가 무엇이고, 그렇기 때문에 우리는 지금 이것을 하겠다는 어떤 구체적인 계획들이 나와야 하는데, 그런 고민 없이 듣기 좋은 추상적인 가치들을 나열하고 있다는 말씀이시죠? 삼성이 '윤리경영'을 가장 큰 목표로 내건 것처럼요.

**도현명** 그렇죠. 삼성 입장도 이해는 갑니다. 외부의 이해관계자가 삼성에게 계속 강조해 온 것을 쓴 걸 겁니다. 하지만, 그것이 삼성 ESG의 최고 목표가 될 수는 없는 거죠.

**박기자** 아무리 좋은 말이어도 기업의 경영 전략이나 철학과 부합되지 않는 추상적인 구호들은 의미가 없다는 말씀이신 거네요. 제대로 측정하기 어려우니까 더욱 그럴 것이고요.

도현명　맞습니다.

박기자　그런데, ESG가 여러 내용을 다루다 보니 한 분야에서는 잘하더
．　라도 다른 분야에서 크게 흠이나 과락이 있으면 지적을 많이 받
거나, 혹은 진정성에 대해서 지적받는 경우도 많이 있는 거 같은
데요. 예를 들어 공정무역계에서 스타벅스의 공정무역은 공정무
역이 아니라고 비판하기도 하는 것처럼요. 이런 경우, 기업의 총
체적인 ESG 이행 수준, 이런 것들을 어떻게 점검할 수 있을까요?

도현명　바로 그 지점이 ESG가 기업의 사회적 가치 이행을 점검하는 중요
한 지표가 되는 이유입니다. 말씀하셨던 것처럼 E, S, G 모든 측면
을 보기 때문에 하나만 잘한다고 적당히 워싱하는 것은 불가능합
니다. 즉, 다면평가 체계입니다. 사람으로 따지면, 어떤 사람의 성
적이 좋다고 해서 이 사람의 성격은 좋든 말든 평가하지 않고 넘어
가진 않는다는 거죠. 평가 요소를 빠뜨리지 않고 모두 평가한다는
겁니다. 말씀하신 스타벅스를 예시로 보자면 조금 다를 수 있습니
다. 공정무역을 하고 있냐는 논란이 있다는 점에서 크게 공감합니
다. 엄밀히 말하면 반쪽짜리가 맞지요. 왜냐하면 근본적 의미에서
공정무역은 단순한 무역이 아니라 지역 주민들에게 살아갈 길까
지 마련해 주는 거에요. 그냥 무역은 그저 물건이 좋으면 사는 거
고요. 스타벅스는 단지 적당한 가격을 지불하고 사 오는 데 집중
하죠. 그런데 한편으로 생각하면 스타벅스가 당장 할 수 있는 건
그것밖에 없습니다. 다양한 곳에서, 수많은 도매상과 거래해서 커
피콩을 사 올 텐데, 그걸 하나하나 비영리조직처럼 케어하는 것은

당장 하기 어려운 일입니다. 다만, 스타벅스 같은 기업들이 거기까지 이를 수 있도록 파트너십들을 많이 구축하고 노력했으면 좋겠다는 바람에는 저도 동의합니다. 그 목표를 가지고 다음 스텝은 어디까지라고 투명하게 공개하고 정해야 되는 것이고요. '우리는 E는 잘하는데, S가 문제 있어.' 하는 입장은 괜찮습니다. 다만 E의 목표는 좀 더 상향해서 잡고, S는 조금 개선하여 '평균치를 언제까지 쫓아가는 게 목표다.' 하는 식으로 설정해야 합니다. 모든 면에서 만점을 받을 수 있는 기업은 거의 없을 겁니다. 산업군도 영향이 있고, 타이밍이나 운도 필요하죠. 당장 완벽하지 않음을 따지기보다 기업들이 내건 목표의 구체성, 진행 과업의 합리성, 공개한 정보의 투명성과 정확성을 평가하며 우리가 어디로 가고 있는지를 구체적으로 진단하는 것이 ESG의 방식입니다.

# 자금!
## 자금조달 전략과
## 자금배분의
## 기준 변화

# 자금! 자금조달 전략과
# 자금배분의 기준 변화

ESG는 투자자 중심의 관점입니다. 투자자는 기업에 금융을 공급하는 기관입니다. 결국 ESG는 자금의 흐름과 관련된 이야기입니다. ESG라고 하면 평가, 아이템을 고민할 것이 아니라 돈을 어떻게 조달하고 사용하여 다시 기업으로 돌아오게 할 것인지를 생각해야 합니다. 돈을 쓰는 방식, 의사결정 과정을 바꾸는 것입니다. 이를 이해하면 ESG에 대한 생각이 바뀔 것입니다.

최근 국내에 그린본드Green Bond*, ESG 펀드 등 많은 펀드가 생겼습니다. 대표적으로 SK하이닉스가 만든 그린본드가 있습니다. 1조 원을 한 번에 조달했습니다. 아주 낮은 이자입니다. 이후 한국남부발전, LG화학 등도 그린본드를 만들어 자금을 조달합니다.

이런 흐름이 주식시장에서도 나옵니다. 펀드를 구성할 때 "우리 회사가 ESG를 잘하니 우리를 펀드에 포함해 달라."고 하는 것입니다. 재무 담당 팀에서 적극적인 태도를 보입니다. 그럼 투자자들도 세부 데이터를 받아 봅니다. 이 과정을 통해 실제 펀드가 만들어지는 식으로 자금 흐름이 생겨납니다. 신규 상장 시 ESG 요소를 강조해 더 높은 가치를 인정받기도 합니다. 특히 ESG를 잘하는 기업에는 이율을 낮춰주거나 유리한 조건을 만들어주는 금융이 생기기도 합니다. 이런 식으로 ESG는 기업의 자금 흐름에도 큰 도움이 됩니다.

우리나라의 ESG 펀드 대부분이 그린본드입니다. 환경 요소가 수치를 내기 편한 면이 있어 이러한 경향을 보입니다. 탄소 배출량, 물 사용량 등으로 결과가 바로 보이기 때문입니다. 또, 전 세계적으로도 공통됩니다. 영국에서 그린본드가 진행되면 우리도 할 수 있습니다. 미국에서 줄인 탄소 100톤과 한국에서 줄인 탄소 100톤은 모두 같은 100톤이지 않습니까? 그런데 돈은 그렇지 않습니다. 미국에서 총 자산이 10억 원인 가구와 르완다에서 10억 원을 가진 가구의 자국 내 경제적 계층을 비교해 본다면, 10억 원으로 유지 가능한 생활 수준도 크게 다를 것입니다. 그러나 환경은 차이가 없습니다. 그러므로 전 세계 금융시장에서도 측정, 관리가 편한 그린본드를 선호하게 되는 것입니다. 국내에서도 이런 논의가 많이 나왔지만 주의할 점이 있습니다. '그린본드, ESG 펀드라고 불리지만 투자 포트폴리오나 자금 사용처 등 세부 내용이 기존 펀드와 별다를 게 없다.'는 기사, 혹시 본 적 있습니까? 이런 것을 그린워싱 Greenwashing 이라고 하는데, 그린워싱이 많아지면 ESG는 점점 생동력을 잃어갈 수밖에 없습니다. '뭐 이름만 다르고 다 같잖아?' 하는 식으로 생각될 수 있기 때문입니다.

그러니 금융사들은 조달된 펀드의 배분을 어떻게 할지, 기업은 어떻게 활용할지 깊이 고민해 준비해야 합니다.

홍콩에 있는 뉴월드New World Group 그룹 사례를 소개하겠습니다. 이 회사는 대형 건물을 짓는 부동산 회사인데, 몇 년 전부터 지속가능 금융 조달에 대해 말해 왔습니다. 이들이 이야기하는 지속가능 금융은 금융기관의 기존 대출 상품을 이용할 때, 기업이 환경문제 해결에 기여하면 이자율을 깎아주거나 변동금리를 고정금리로 바꿔주는 프로그램입니다. 대출을 활용하려면 기업은 어떻게 해야 할까요? 자신들이 짓는 건물의 운영, 설계가 환경 요소를 반영하고 있어야 합니다. 나아가 그 돈을 끌고 온 후 더 많은 환경 요인을 반영할 수 있도록 준비되어 있어야 합니다. 그렇지 않으면 지속가능 금융을 제공받을 수 없습니다. 뉴월드 그룹은 이 과정에 대비해왔고, 전문성을 갖추게 됩니다. 최근엔 약 1조 달러 규모의 그린 본드를 직접 발행하기도 했습니다. 그러한 본드를 통해 새 건물을 짓고, 다시 그 건물을 새로운 지속가능 프로젝트에 투자하게 됩니다. 부동산 사업에서 이런 활동이 중요한 것은 대규모 금융 조달이 필요하기 때문입니다. 계획이 구체화되어 있다면 조달금리가 저렴할수록 수익이 늘어나는 구조입니다. 이익률이 증가하게 되면 다음 펀딩에서도 유리하게 되는 선순환 구조가 만들어지는 것입니다. 뉴월드 그룹은 선순환을 잘 만들어낸 좋은 사례입니다.

비단 금융뿐 아니더라도, ESG 붐에서 가장 수혜를 보는 영역은 바로 그린 빌딩Green Building 이라고 할 수 있습니다. 건물이 사용하는 에너지가 매우 많기 때문입니다. 전 세계 에너지 사용량 중 첫 번째로 규모가 큰 것이 교통이라면, 두 번째는 건물입니다. 건물 건축과 운영, 폐기 과정에 막대한 돈과 에너지가 쓰이고 있다는 뜻입니다. 그러므로 환경문제 해결에 앞장서는 건축 기업이라면 새로운 기회가 열릴 것입니다. 특히 정부 허가나 발주를 얻는 데도 매우 유리할 것입니다. 건축 과정의 탄소 배출량을 줄일 수 있는 잠재력이 아주 크다고 평가되기 때문입니다. 뉴월드 그룹은 이 과정에 크게 기여를 했습니다.

또, 기술 개발뿐 아니라 탄소 배출량을 투명하게 공개해 온 점도 중요한 역할을 했습니다. 2015년 자료를 보면 자사가 배출한 탄소, 사용한 에너지, 만들어 낸 폐기물량은 물론, 개발 중인 지속가능한 에너지 수준을 상세히 공개했습니다. 이 과정에서 '밀집도'라는 지표를 사용하는데, 이 부분도 주목할 만합니다. 밀집도란 자사 매출에 대비하여 사용된 에너지나 자원의 양을 말합니다. 이 지표를 사용한다는 것은 기업의 데이터를 아주 상세하게 공개한다는 증거이기도 합니다. 단순히 탄소 배출량만 공개하면 감소된 탄소 배출량이 기업의 노력으로 감소된 것인지, 아니면 매출이 감소하면서 상대적으로 감소된 것처럼 보이는 것인지 등을 알아볼 수 없습니다. 일이 없어서, 혹은 일을 하지 않아서 자원을 덜 사용했을 뿐인데 이를 노력의 결과로 포장할 수도 있습니다. 하지만 매출 대비 에너지량을 공개하는 것은 실제 회사의 운영 과정에서 얼마나 효율적으로 자원을 사용했는지를 드러내는 것이므로 의미가 있습니다. 심지어, "2030년까지 매출 대비 에너지 사용량을 2015년의 절반으로 줄이겠다."고도 발표했습니다. 2020년 발표를 보면 세부 목표치에 맞게 달성해 나가는 것을 알 수 있습니다. 약 5년 만에 탄소 배출량이 22% 줄었습니다. 이런 방식으로 계속해 나가면 2030년에는 목표치를 달성할 수 있다고 봅니다. 그러면 어떻게 될까요? 에너지를 적게 쓰니 비용도 줄어들고, 그린본드 등을 통해 자금 조달도 원활해지면서 장기적으로 회사가 더 성장할 가능성도 커집니다. 또한, 이런 노하우가 쌓이면서 경쟁자들이 따라오기 힘들어질 수도 있을 것입니다. 이런 기업이 이미 홍콩에 있다는 것입니다.

국내 건설사들은 어떤 노력을 하고 있을까요? 아직 정확하게 드러난 바는 없는 것 같습니다. 뉴월드 그룹의 독주를 우리나라 기업이 부랴부랴 막을 수 있을까요? 이대로라면 글로벌 경쟁력 분야에서 뒤처지게 될 것입니다. 미래 경쟁력 차원에서라도 고민해야 하는 문제입니다. 문제는 이것만이 아닙니다. '돈을 어떻게 쓰냐?'도 문제입니다. 가져온 돈을 과거와 같은 방식으로 쓰면 미래의 방향성은 바뀌지 않기 때문입니다.

바스프BASF 라는 회사를 예시로 들겠습니다. 바스프는 화학 기업 중 가장 빠르게 ESG를 내재화한 회사로 알려져 있습니다. 굉장히 좋은 사례로 항상 소개되고 있습니다. 바스프의 활동 중 가장 화제가 됐던 사례는 ESG 기준으로 자사 제품 6만 개를 모두 재평가한 일입니다. 중대성 평가 기준에 적합한지 모두 따져본 것입니다. 평가는 액셀러레이터Accelerator, 퍼포머Performer, 트랜지셔너Transitioner, 챌린지드Challenged의 총 네 가지 층위로 진행됐습니다.

우선, 기업과 이해관계자 모두에게 의미 있는 제품을 평가했습니다. 쉽게 말해 단순 매출뿐 아니라 순이익도 높고, 고객 반응도 좋은 '알짜' 제품을 찾아내는 것입니다. 7% 이상의 수익이 나면서 환경이나 사회적으로 의미가 큰 제품을 추렸는데, 전체 6만 개 제품 중 1만 3,000여 개가 알짜 제품이라고 판별이 됐습니다. 전체의 20% 정도입니다. 이 제품들을

'액셀러레이터'라고 명명하고 이들에게 투자를 몰아주기로 합니다. 미래 성장을 견인할 제품으로 판단한 것입니다. 반면, 둘 다 아닌 제품, 즉 매출도 잘 안 나는데 이해관계자에게도 큰 의미가 없는 제품도 있습니다. 이제품에 대해서는 브랜드의 역사 측면에서 의미가 있는지 판단한 후, '챌린지드' 제품으로 분류합니다. 개선을 도전한다는 것입니다. 챌린지드 제품은 5년의 기간을 두고 노력해도 안 되면 폐기합니다. 긍정적인 제품을 자랑하고, 키우는 것뿐 아니라 과감히 버릴 것도 버려가면서 진행했습니다. 아주 능동적이고 적극적으로 추진하는 것이라 볼 수 있습니다. 액셀러레이터 제품은 연구개발비의 60%를 투입할 정도로 키워줍니다. 전체의 20%를 차지하는 제품에 60%의 비용을 투입하면 제품은 얼마나 개선될까요? 이런 긍정적인 가치를 퍼뜨리는 제품이 더 높은 매출을 견인하도록 바꿔내는 것입니다. 이들은 액셀러레이터가 금액으로는 30조 원, 즉 매출의 40%를 차지하는 것을 목표로 내걸었습니다. 현재 제품 매출의 두 배로 만들겠다는 것이 이들의 목표입니다. 그런 식으로 자원과 노력을 투자해가는 것입니다.

이처럼 ESG를 열심히 한다는 것은 실질적인 기업 내부의 경영적 결정을 바꾼다는 뜻입니다. 자사 제품을 보는 시각을 바꾸는 것입니다. 우리나라에 이런 식으로 R&D를 하는 기업이 있을까요? ESG팀을 만들고 회장님이 언론에 나서 "2030년까지 ESG를 제대로 달성하겠다."라고 외치는 기업들은 많지만, 정말 기업이 생산하고 판매하는 제품의 ESG를 명확히 정의하고 집중적으로 키워내고 있을까요? 모든 기업이 스스로 질문해 볼 부분입니다. 네슬레 Nestlé 의 예를 들어 좀 더 자세히 설명하도록 하겠습니다. 네슬레도 중대성 평가를 시행했습니다. 그 결과 네슬레가 관여하고 있는 영역인 포장, 영양, 수자원 관리 등의 이슈가 중요하다는 결론이 나왔습니다. 네슬레는 이슈들에 대해 ESG 원칙 한 가지 이상을 따른 신사업을 추진하겠다고 정해두었고, 현재 실천하고 있습니다.

중요한 것이 무엇인지 확인한다면, 그 이후 실제 추진해 나갈 신사업을 만들고 자금을 넣어야 한다는 것입니다. 가령 인도에서 사업하는 회사가 '영양 불균형 문제는 우리 기업과 이해관계자들에게 가장 중요한 문제'라고 정의한다면, 그 문제에 자금을 넣어야 한다는 것입니다. 물론, 자금이 부족하다고 말할 수 있습니다. 그러나 모든 기업은 항상 자금이 부족한 상황에 처해 있습니다. 그렇기 때문에 '실제 자금을 넣느냐, 안 넣느냐.'는 기업이 정말 'ESG를 우선순위에 두느냐, 안 두느냐.'를 판단하는 척도라 할 수 있습니다. 우리 기업은 자금 분배를 어떻게 하고 있을까요? 정말 ESG 중대성 평가에 해당하는 영역에 자금을 넣고 있을까요?

기업에 있어 돈이란, 사람에 빗대어 표현하면 피와 같은 것입니다. 기업을 움직이는 혈액과 같은 것입니다. 물론, 사람이 움직이려면 근육도 필요하고 뼈도 필요합니다. 그러나 순환을 가능하게 하는 에너지는 피에서 나오는 것입니다. ESG는 투자자의 피를 돌게 하는 새로운 원칙이라 생각하면 됩니다. 기업에 흐르는 피를 넣거나 빼고, 배분하는 것입니다. 표면적으로 'ESG'라고 드러나는 얼굴이나 피부, 표정을 바꾸는 것이 아니라 실제 돌아가는 피의 순환을 바꾸는 것이 중요합니다.

우리의 삶에서 예를 들어보겠습니다. 어떤 배우자를 원하느냐는 질문을 받고, "성격이 중요하다."라고 말하는 사람이 있다고 가정해 봅시다. 그런데 실제로 그 사람이 누군가를 평가하거나 선택할 때, 외모나 재력과 같은 조건을 보고 선택한다면 정말 성격을 중요시하는 사람일까요? 그렇지 않습니다. 우리 기업의 ESG도 이런 식으로 돌아가고 있지 않은지 진지하게 되물어봐야 할 시기입니다. 이런 경향을 지적하는 보고서 역시 여러 시민단체나 연구단체를 중심으로 많이 나와 있습니다. 우리 기업이 정말 말뿐인 실천이 아니라, 실제 ESG를 추진하는가를 알아보기 위해서는 자금을 기준에 따라 배분하는지 따져 보면 됩니다. 의사결정이 ESG를 중심으로 이뤄지는지 말입니다. 그렇지 않다면 ESG에 따라 달라질 우리 기업의 미래가치도 판이하게 달라질 것입니다. 실제로 심은 것이 없는데 어떻게 열매가 맺힐 수 있을까요? 지금이라도 더 늦기 전에 우리 기업의 자금 흐름과 조달, 배분 방식을 냉정하게 점검하기를 강력히 권합니다.

# 박선하 기자가 묻고, 도현명 대표가 답하다

**박기자**    ESG 관련된 펀드, 투자 등 자금이 확 늘어났는데 이걸 제대로 집
행하는 게 중요하다고 했습니다. 대표님도, 임팩트스퀘어에서도
ESG 투자를 집행하고 계시죠?

**도현명**    네. 물론 저희는 ESG 펀드라고 하기엔 아주 작은 규모로, 대기업
보다는 소셜 벤처에 투자하고 있긴 합니다. 관련이 아예 없진 않
습니다. 글로벌 기업이나 대기업의 ESG 실행 방식 중에는 소셜 벤
처에 투자하는 경우가 많이 있거든요. 그래서 연결성이 없진 않지
만, 저희는 초기 단계 소셜 벤처에 투자하고 기업을 키우는 일에
집중하고 있습니다.

**박기자**    제가 알기로 도 대표님은 대기업이나 공공기관에 대해서도 아주
냉철하게 판단하고, 진정성이 보이지 않으면 일을 거부한다고 알
고 있습니다. ESG 관점에서 좋은 펀드, 또 그를 투자할 좋은 소셜
벤처를 판단하는 기준이 있으신가요?

**도현명**    제일 중요한 것은, 실행에 대한 의사결정을 맡은 사람의 관점입니
다. 왜 이것을 하려고 하는지, 어디까지 하려고 하는지 이 두 가지
를 기준으로 많이 판단하는데요. 왜냐하면 의도가 잘못됐거나 목

적성이 분명치 않은 사업들은 추진되더라도 세상을 바꾸지 못합니다. 거기에선 ESG와 관련된 어떤 성과들도 도출되지 않아요. 저희가 까다로워서 그런 게 아니라, 진짜로 우리의 시간과 노력과 에너지를 투입했을 때 눈으로 볼 수 있는 성과가 나올 수 있는 사업들을 맡는 편입니다. 앞으로 금융사에서도, 그리고 대기업에서도 이런 관점을 갖는 데 상당한 시간과 에너지를 투입할 겁니다. 전 세계적으로도 펀드들은 특정 기업을 배제하기도 하고, 평가기관도 '어떤 기업은 아예 평가하지 않겠다. 신뢰하지 않겠다. 이들이 제공하는 정보는 믿지 못하겠다.'라고 하는 일이 반복되고 있거든요. 대부분 이유는 신뢰성 부족입니다. 근거 자료나 정보 공개, 의사결정 과정이 불투명한 것이죠. 이런 투명성이 아주 중요합니다.

**박기자** 그런 기준에 부합하지 않는 무늬만 ESG 펀드도 있다고 보세요?

**도현명** 많습니다. 기사도 여러 건 나왔죠. 실제로 ESG 펀드라고 이야기를 하지만, 대다수는 그린본드, 즉 환경 펀드에요. 사회, S를 다루는 펀드는 정말 찾기 힘듭니다. 또, 이름은 ESG 펀드라고 해놓고 실제 포트폴리오를 뜯어 보니 "일반 펀드와 포트폴리오의 구성이 10%도 차이가 안 나더라. 심하게는 4%만 다르다." 하는 경우도 있습니다. 국내뿐 아니라 해외에도 있는 문제입니다. 그래서 금융당국이 ESG 펀드라는 이름으로 펀드를 등록하면 포트폴리오에 대한 기준뿐 아니라 실질적인 결과, 기존 펀드와 어떻게 다른지에 대해서도 검증하겠다고 했고, ESG 펀드를 남발할 경우 펀드

발행 자격을 취소하겠다고 강경 대응하는 나라도 늘고 있습니다. 국내에서도 문제가 발생하면 즉시 금융당국이 감시에 나설 것으로 봅니다.

박기자 일본이나 EU에서도 이러한 움직임이 있는 것으로 알고 있습니다. 금융당국에서 직접 ESG라는 이름을 단 펀드가 실제 ESG인지 검증을 하겠다거나, ESG 펀드라는 이름을 쓸 수 있는 펀드의 기준을 만들겠다는 식으로요. 물론 허위나 과대 펀드를 없애는 것은 필요하겠지만 규제와 규율이 지나치게 강해지면 부작용은 없을까요?

도현명 언제나 가장 좋은 방법은 태도가 아니라 성과를 평가하는 겁니다. ESG 펀드를 내걸고 하는 것은 자유롭게 하되, 펀드의 결과물에 대한 보고를 하도록 하는 거죠. 그리고 ESG 성과가 지나치게 낮거나, 보고 과정에서 문제가 생기는 경우 해당 내용을 공개하고 제재하는 게 맞다고 생각합니다.

박기자 자율성에 기반해서 성과를 낼 수 있도록 밀어주되, 그 안에서 지속적으로 거짓이라든지, 성과 부풀리기 같은 것들이 보인다면 제재를 가하는 방식이 적합하다라고 명심해야겠습니다.

## PART 8

**E**nvironmental

**S**ocial

**G**overnance

# 고객과 시장!
# 이해관계자
# 미충족 욕구로의
# 관점 넓히기

# 고객과 시장! 이해관계자
# 미충족 욕구로의 관점 넓히기

이번에는 기업의 가장 중요한 대상인 '고객'에 대해 말해 보겠습니다. 고객은 기업이 만족시켜야 하는 가장 중요한 이해관계자입니다. 기업은 무엇인가를 만들어 내고, 그 과정에 돈과 인력을 투입합니다. 그리고 만들어 낸 서비스나 상품을 고객에게 판매하면서 돈이 돌게 됩니다. 자, 그럼 이 관점에서 한번 생각해 봅시다. 고객은 왜 우리 제품을 살까요? 어떤 욕구가 충족되기 때문에 살 것입니다. 자, 그러면 여기서 고객은 누구일까요? 일반적으로 단순히 비용을 지불하고 기업의 서비스나 제품을 사는 사람을 말할 것입니다. 그렇기 때문에 기업의 활동은 모두 고객을 만족시키기 위해 서비스나 제품을 생산하는 활동의 총합이라고도 정의합니다. 그런데, 정말 이들만 고객일까요? 고객의 관점을 좀 더 넓혀서 생각하면 어떨까요?

그 이유는 여러 가지가 있습니다. 실제 제품을 이용하는 사람과 구매하는 사람이 다른 경우도 있기 때문입니다. 대표적으로 장애인용 제품이나 서비스는 직접 사용하는 장애인이 구매하지 않는 경우가 있습니다. 장애인에게 해당 서비스를 제공하는 정부기관이나 관련 단체가 구입하고, 장애인은 정부기관이나 관련 단체가 구매한 제품이나 서비스를 제공받거나, 한정된 후보군 안에서 선택하는 경우가 많습니다. 그렇다면 이 경우, 고객은 관련 단체나 정부일까요? 그렇게 생각하기는 어렵습니다. 실제 제품을 사용하는 사람은 장애인 당사자입니다. 그렇기 때문에 고객의 개념은 상당히 복잡한 면이 있습니다. 고객은 단순히 제품을 사는 사람이 아니라 기업이 제공하는 것들을 사용하고, 이에 대해 피드백을 주거나 기업에게 지지나 반대를 표명할 수 있는 사람들이라고 할 수 있습니다.

고객뿐 아니라 '주주'의 개념도 확장하기 시작했습니다. 기업에게 가장 중요한 두 개의 주체를 이야기할 때, 고객과 주주를 꼽습니다. 좀 더 넓게 이들을 '이해관계자'라 칭하는 경우가 많아졌습니다. 글로벌 단위에서는 이미 이런 방식의 이해가 많아지기 시작했습니다. 2019년 미국의 기업인들이 모이는 '비즈니스 라운드 테이블'에서도 "우리는 주주를 위해 일하는 것이 아니라, 우리의 이해관계자를 위해 기업을 경영하고 있다."고 말할 정도입니다. 이는 이해관계자 경영이라는 개념의 시금석과 같은 순간이기도 합니다. 이해관계자는 누가 될까요? 주주, 즉 우리 기업에 돈을 투자하는 사람뿐 아니라 우리를 위해 일하는 사람인 임직원도 여기에 속합니다. 부품을 납품하는 협력사와 직원들, 우리에게 인가와 인증을 해주는 정부기관, 우리와 같은 산업군에 있는 전문가들 역시 모두 이해관계자입니다. 이 사람들의 말이나 태도, 우리와의 관계에 따라 비즈니스가 달라지기 때문입니다. 우리 기업의 활동 역시 그들에게 영향을 주고 있습니다.

이 관계망을 이해하며 경영을 해야 한다는 이야기가 늘어난 것입니다. 앞서 말한 방식대로 설명하면, 이들의 욕구를 충족하는 경영을 해야 한다는 것입니다.

그럼, 여기서 또 한 가지 질문이 생깁니다. '그럼 이해관계자를 도대체 어디까지 확장해 생각해야 하는가?' 하는 것입니다. 넓게 따지다 보면 지구상의 모든 생물로도 확장할 수 있습니다. 그러면 기업은 '모두를 만족시켜야 하는 것인가?' 하는 어려운 고민에 빠지게 됩니다. 여기에도 적정선이 있습니다. 이 적정선은 어떻게 찾을 수 있을지 한번 고민해 보도록 합시다.

여기 재미있는 창업 스토리가 하나 있습니다. 이는 충족되지 않은 욕구를 키우겠다는 기업의 문제의식과 관점이 잘 드러난 사례라고 할 수 있습니다. 바로 에어비앤비Airbnb라는 회사입니다. 에어비앤비는 브라이언 체스키Brian Chesky를 중심으로 몇 명의 공동창업자가 만든 회사입니다. 이 회사의 창업 배경에 의식주 중에서도 호텔 등의 숙박업이 굉장히 커질 것이라는 시장 분석이 있던 것은 아니었습니다. 창업자 브라이언 체스키는 '무언가 위대하고 멋진 일을 하자.'는 생각이 강했습니다. 그래서 친구들과 샌프란시스코로 이주를 합니다. 그리고 방을 하나 얻습니다. 거실에서 일하고, 각자의 방에서 생활하는 구조였습니다. 다른 팀들도 이런 방식으로 창업을 많이 했습니다. 예산이 부족했기 때문입니다. 이후 '다음 달 월세는 어떻게 내지?' 하는 고민을 하게 됩니다. 그러다가 한 콘퍼런스에서 "남는 방이 있으면 바닥에서라도 머물 수 있을까요? 숙박비가 너무 비싸네요."라고 하는 글을 보게 됩니다. 이들은 "우리 거실이 큰데, 여기 머물래? 우리랑 친해지기도 하고, 아침엔 네 것까지 토스트 한 장 더 굽지, 뭐."라는 댓글을 달았습니다. 이후 반응이 커지니 몇 만 원 정도 돈을 받으면서 거실을 임대하는 사업을 시작합니다. 그러다가 수요는 있는데 서비스가 없다는 것에 의문을 품게 되고, 이 문제를 해결하기 위해 에어비앤비를 시작하게 됩니다.

또 하나의 창업 이야기가 있습니다. 소셜 벤처 분야에서 아주 존경받는 창업가 중 한 사람인 제시카 재클리Jessica Jackley라는 사람의 이야기입니다. 미국의 잘 나가던 커리어우먼인 제시카는 언젠가부터 번아웃을 느끼기 시작했습니다. 계속 이렇게 살아야 되는가 하는 고민이 들기 시작했고, 마음을 치유하기 위해 아프리카의 어느 한 나라로 봉사활동을 떠나게 됩니다. 그러면서 남을 돕는 일이 자신의 미션이라는 것을 깨닫게 됩니다. 미국으로 다시 돌아갈 때쯤, 그는 자신을 잘 돌봐 주던 하숙집 아주머니에게 자신이 받은 도움을 되갚을 방법이 있겠느냐고 물었습니다. 돈이 더 필요하면 모금을 해서라도 돕고 싶다고 했습니다.

그랬더니 아주머니가 "아이들을 정직하고 건강한 사람으로 잘 키우고 싶은데, 그러기 위해서 백 달러가 필요하니 빌려주세요."라고 했습니다. 이유를 들어 보니, 백 달러로 염소 한 마리를 사면 젖을 짜서 아이들을 먹일 수도 있고, 남는 것은 팔 수도 있다고 했습니다. 또, 염소의 털로 스웨터를 짜서 팔아 번 돈으로 아이들을 학교에 보내 잘 키울 수 있다고 했습니다. 이 말을 들은 제시카는 굉장히 당황했습니다. 그냥 달라는 것도 아니고 빌려달라는 건데, 이렇게 성실한 사람이 그 정도 돈을 빌릴 곳도 없다는 것이 믿을 수 없었던 것입니다. 그 나라의 금융기관에서는 이 여인에게 백 달러도 빌려주지 않는다는 사실을 그때야 깨닫게 되었습니다. 이 여성은 거래를 할 수 있는 신용등급 바깥에 있는 사람이었고, 등급 바깥의 사람을 위한 금융은 존재하지 않았던 것입니다. 제시카는 이들을 위한 비즈니스를 생각하게 됩니다. 성실하게 살지만 가진 것이 너무나 없어 소액 대출조차 받지 못하는 사람들을 위한 소액 금융을 만들기로 합니다.

두 사례의 공통점이 무엇일까요? 바로 '고객'이 겪는 일에 대한 문제의식입니다. 충족되지 않은 욕구가 있는 사람들을 발견한 것입니다. 에어비앤비의 창업가인 브라이언 체스키는 바로 돈을 낼 수 있는 고객을 발견했습니다. 거래를 누군가 연결해 주기만 하면 바로 계약이 일어나는 사람들을 발견했습니다. 이들은 시장 안에 있는 고객들입니다. 반면, 제시카 재클리는 아예 시장에 들어와 있지 않은 사람들을 고객으로 발견했습니다. 금융 거래가 이들을 배제하고 있었기 때문에 기존 시장 질서 안에서는 전혀 욕구가 충족되지 않은 사람들이었습니다. 그래서 문제를 해결하려면 여인을 시장으로 끌고 오는 일부터 시작해야 했습니다. 그렇게 창업한 곳이 키바Kiva라는 회사입니다. 미국인들은 키바 플랫폼을 통해 그 나라 사람들의 사연을 듣고 수 달러에서 수십 달러까지 소액을 대출하는 일을 하게 되었습니다. 지금까지 총 1.8조 원이 대출되었습니다. 2019년까지 97%의 돈이 환수되었습니다. 아주 훌륭한 결과를 만들어낸 것입니다. 이런 식으로 어떤 욕구가 사람들 안에 있는지 확인하고 그것을 서비스와 비즈니스로 만들어내는 일을 한 것입니다. 그러나 미충족 욕구의 양상은 시장 안에 있는 것과 밖에 있는 것이 서로 다르며, 시장 바깥에 있는 욕구가 사회문제 해결과 더 밀접하게 관련돼 있는 경우가 많습니다.

네슬레 역시 이 문제의 전문가입니다. 이런 과정으로 수조 원짜리 비즈니스를 만들어낸 회사로 손꼽힙니다. 네슬레는 약 10년 전 네스프레소 Nespresso라는 캡슐 커피를 만들어냅니다. 중요한 발명이었기에 네슬레는 아주 기뻐했습니다. 풍미 좋은 커피를 집에서도 간단히 먹을 수 있도록 만들어낸 것이기 때문입니다. 당시에 이 기술을 가진 회사는 네슬레가 유일했습니다. 그런데 이 사업을 어떻게 성장시킬지에 대한 전략을 짜다 보니, 한 가지 문제가 생겼습니다. 품질 좋은 원두가 아주 많이 필요해졌다는 것입니다. 냉동하고 파쇄한 후 보존해도 풍미가 보존될 정도의 질 좋은 원두 수급이 중요해졌습니다. 그런데 질 좋은 원두를 만드는 일은 아주 어려웠습니다. 그러다 보니 네슬레는 나중에 원두가 부족해질 수 있다는 생각을 하게 됩니다.

이 과정에서 네슬레는 농민이 자신들의 주요 이해관계자라는 걸 확인하게 됩니다. 이들은 농민들이 원두 농사를 포기하거나 수확의 결과물이 들쭉날쭉해지는 이유를 파악하려고 노력했습니다. 그 결과, 농민들이 기술 개발이나 설비 등에 투자할 돈이 없어서 날씨 등과 같은 그 해 상황에 따라 원두의 품질이 달라지게 된다는 점을 알게 되었습니다. 이후 네슬레는 커피 농사에 적합한 농지들을 수소문해서 전 세계에 수천 개 농지를 선정하고, 해당 농지에서 농사를 짓는 농민들에게 찾아가 자사와 계약해 커피콩을 납품한다면 비용 책정이나 농민 생활 향상 등에 도움을 줄 거라고 약속합니다. 실제 협약한 농민들에게 서비스도 제공합니다. 가령 도로가 필요하다면 도로를 만들어 줍니다. 이것은 커피콩의 안정적인 수급에도 도움이 됩니다. 이런 식으로 품질 좋은 원두를 안정적으로 수급하게 되면서 네슬레는 누구도 따라올 수 없는 ESG 기반 유통망을 확보하게 됩니다.

2015년 선두를 달리고 있던 네슬레의 캡슐 커피 부문 사장이 이렇게 말합니다. "우리는 지금 경쟁사를 이긴 게 아니라, 이 프로젝트를 시작한 수년 전부터 승리하고 있었다." 일반 회사가 '지금 이렇게 투자해야 해?'라고 눈을 돌릴 수 있는 곳, 즉 이해관계자의 삶의 질 부분을 미리 확인하고 투자한 결과가 우수한 사업성으로 돌아온 것입니다.

반면, 지금부터 소개할 국내 사례는 안타깝게도 실패한 사례입니다. 삼성생명이 마포대교에서 만든 생명의 다리 프로젝트, 많은 사람이 기억할 것입니다. 생명보험 회사니 자살 방지 프로젝트와 연관이 있습니다. 그런데 다리 난간에 '많이 힘들었겠구나.'라는 식의 감동 문구를 적어 놓는 방식으로 실행한 것이 문제였습니다. 어떻게 됐을까요? 당시 100억 원이 넘는 비용을 들였지만, 2012년 해당 프로젝트를 시행한 이후 2013~2014년의 결과를 보면 안타깝게도 자살 시도율이 9배나 늘었다는 경찰의 발표가 있었습니다. 자살의 원인으로 이 프로젝트를 지목할 수 없겠지만, 자살을 막는 데 큰 도움이 되지는 않았다고 할 수 있겠습니다. 이 프로젝트가 실패한 것은 자살을 시도하는 사람의 상황을 제대로 이해하지 못한 프로젝트였기 때문이라고 생각합니다. 고객이 원하는 제품이 아니면 팔리지 않는 것처럼, 사회문제 해결 프로젝트도 마찬가지입니다. 오히려 비난을 받을 수도 있습니다.

비슷한 일을 한 회사로 페이스북 Facebook 이 있습니다. 페이스북 역시 많은 사람이 자신의 SNS에 자살을 암시하는 글을 쓰는 것을 알게 됩니다. 페이스북은 이에 대응하기 위해 광고 알고리즘을 활용했습니다. 어떤 글을 쓰는 사람이 자살 위험이 높은지를 학습시켜서, 위험이 높은 경우 페이스북 친구들에게 이 사실을 알리고 당사자에게 연락하도록 조치를 취하는 것입니다. 그러면 우발적인 자살을 막을 수도 있습니다. 이런 식으로 대상자에 대한 이해가 높아지면 우리의 특성을 활용해 사회문제를 해결하는 데 도움을 줄 수도 있습니다. 그런데 이해도가 낮으면, 돈을 많이 쓰고도 실패할 수도 있습니다. 결국 이해관계자가 누구인지, 그들이 겪는 진짜 문제가 무엇인지를 확인하는 것이 중요합니다. 이를 비즈니스와 연결하는 것도 중요합니다. 우리 기업의 이해관계자가 누구인지, 이들이 겪는 문제가 무엇인지, 우리의 어떤 핵심 역량이 이들의 문제를 획기적으로 해결할 수 있는지 깊이 생각해 보기 바랍니다.

# 박선하 기자가 묻고, 도현명 대표가 답하다

**박기자** 대표님, "고객이 아니던 사람들이 고객이 되어 간다."라고 말씀을 해 주셨는데요. 조금 더 쉽게 풀어서 설명해 주실 수 있을까요?

**도현명** 이해관계자를 이해관계자라고 설명하니까 사람들이, 특히 기업에 있는 분들이 왠지 우리한테 빌붙어서 자꾸 무언가를 주장하는 사람들로 귀찮게 생각하시는 것 같아요. 그래서 저는 이 단어를 '고객'이라 바꾸자고 정의한 겁니다. 고객도 우리에게 무엇인가를 요구하고, 우리가 그걸 충족시켜주면 좋아하지요. 정부도 기업이 창출한 가치에 영향을 받는 단위라고 생각하면 대하는 태도가 달라질 겁니다. 정부의 규제에 대해서도 '우리를 힘들게 한다.'는 것이 아니라 저들을 만족시켜 주는 것 역시 우리의 일 중 하나라고 생각하는 겁니다. 솔루션을 최적화하고 전략화하는 데 힘을 쓰는 것이죠. 그러니까 ESG를 추진할 때 저희가 요청드리는 관점의 전환은 '우리가 이해관계자라고 부르는 사람을 고객이라고 생각해 보면 어떨까?' 하는 겁니다. 심지어는 잠재 고객까지 판단해 보자는 거죠. 지금 당장 우리 서비스를 구매하지 않거나, 못 하는 사람들까지요. 그런 사람들도 잠재 고객이라고 보면서 이들의 니즈를 채울 방법을 찾자는 게 ESG 경영의 관점입니다. 그러다 보면 새로운 시장이나 미래가치가 나올 수도 있습니다.

**박기자**  굉장히 탁월한 발상이라고 생각합니다. 예를 들면 기업 입장에서 환경단체는 기업을 감시하고 시위하는 사람들이며, 우리를 비판하는 사람들이라고 생각하기 쉽지만, 사실 그 사람들이 요구하는 대로 조금씩 변화해 나가고 적극적으로 소통한다면 오히려 기업이 성장하는 계기가 될지도 모릅니다. 특히 기업의 책임에 민감한 MZ세대를 잠재 고객으로 끌어들일 수도 있으니까요.

**도현명**  맞습니다. 반대로 이들을 고객이라고 제대로 판단하지 못하면 크게 어려움을 겪을 수도 있습니다. 대표적으로 최근 카카오 내부에서 일어난 일이 있습니다. 언론에도 보도된 내용입니다. 카카오가 고성과자들에게만 굉장히 좋은 숙소 이용권을 줬어요. 그러니까 사내 게시판에 항의글이 올라온 거죠. "왜 저들만 숙박권을 줍니까? 아니 복리후생을 이렇게 차별해도 됩니까? 연봉 차별, 인센티브 차별까진 인정합니다. 하지만 직원 복지는 똑같아야 하는 것 아닙니까?" 하고요. 그랬더니 대표가 댓글을 달았습니다. 아주 정중하게요. "고성과자들의 노고를 취하하기 위한 회사의 정책이니까 이해를 부탁드립니다." 논란이 사그라들었을까요? MZ세대 직원들은 더 심한 욕설과 비난을 반복했습니다. 왜 이런 인식 차이가 있었을까요? 바로 대표는 직원을 만족시켜야 할 고객이라고 보지 않았지만, MZ세대 직원 입장에서는 임직원도 고객이 될 수 있었던 겁니다. MZ세대는 자신이 속한 기업이 만족을 주지 못하면 언제든지 떠날 준비를 하고 있는 사람들이에요. 또, 자기들의 문화에 맞추어 기업을 바꾸려고 하고요. 떠나거나 바꾸거나 하는 거죠. 순응하는 게 아니라. 그러니 카카오도 임직원을 이해관계자가 아닌 고객으로 이해하는 게 맞습니다. ESG에도 들어갑니다. S의 평가 지표 중 하나가 임직원의 만족이니까요. 거기에 들어가는 겁니다. 그러니까 우리는 그들을 우리의 고객으로 고려하고, 그에 대한 솔루션을 만들어 가야 되는 거죠.

박기자 또 이번 보도처럼, 이런 내용 자체가 공론화가 되어 결국에는 기업의 평판에도 영향을 주게 되는 거고요.

도현명 맞습니다. 그래도 카카오는 건강한 기업이에요. 왜냐면 MZ세대가 게시판에 쓰잖아요. 대표가 직접 답변을 하고요. 물론 MZ세대 직원들이 이해할 만한 답변은 아니었지만 말이죠. 그런데 그걸 쓰지 못하게 막아 놓거나, 익명이 아니거나 하는 때부터 더 큰 문제가 생기는 겁니다. 기본적인 합의와 공론화의 과정은 있어야 한다는 것이죠.

박기자 이런 커뮤니케이션에 대해서 임직원분들과 직접 말씀도 나눠 보셨죠?

도현명 제가 카카오 이야기를 대기업 계열사 사장단 분들과 나눌 기회가 있었는데, 연세 많으신 분들은 전혀 이해를 못합니다. 당황하세요. 어떻게 그런 걸 쓸 수 있냐거나, 고성과자가 많이 가져가는 게 맞지 않냐거나, 회사 정책인데 직원은 따라야 한다는 식이에요. 그래서 제가 "지금 경영하시는 계열사는 MZ세대에 취약한 회사일 겁니다."라고 말씀드렸어요(웃음). 별로 듣고 좋아하시지 않으셨지요. 그러니까, S 측면에서 MZ세대들은 중요한 고객층이에요. 임직원이 되고, 주주가 되고, 소비자가 되는 거죠. 이 관점은 절대적으로 모든 기업이 챙겨가야 합니다. 그런 관점에서 커뮤니케이션을 적극적으로 하셔야 합니다. 이건 노력해야 하는 거예요. 자연스럽게 되지 않습니다.

**박기자** 지금까지 하신 말씀 중에 대표님들의 눈이 가장 번쩍 뜨이는 말 같습니다. "기업이 단순히 수익만 내는 곳이 아니다."라는 말보다 더 세상이 변했다는 걸 실감하실 것 같습니다.

**도현명** 세상이 변한 것을 어떻게든 느끼게 만드는 것이 저의 중요한 과제이기 때문에 열심히 이야기하고 있습니다.

## PART 9

**E**nvironmental
**S**ocial
**G**overnance

# 파트너십!
# 소셜 벤처와의
# 오픈 이노베이션을 통한
# ESG 실행 가능성

# 파트너십! 소셜 벤처와의 오픈 이노베이션을 통한 ESG 실행 가능성

"ESG 경영을 실행하려고 하는데 너무 어렵습니다. 기업 내부에서 할 수 있는 것은 한계가 있고, 새로 자원을 만들어 내려 하니 시간이 너무 오래 걸립니다. 도대체 어디서부터 시작해야 할지 모르겠습니다." 많은 기업 관계자들이 하는 고민입니다. 이런 질문을 상당히 많이 받는데, 그럴 때마다 추천하는 방식은 '오픈 이노베이션Open Innovation'입니다.

오픈 이노베이션은 말 그대로 개방형 혁신입니다. 주로 연구개발에서 진행되는 방식으로, ESG 용어로 볼 수는 없습니다. 이 방식은 기업 내부에서만 고민하는 것이 아니라 다른 기업이나 연구소와 협력하는 것입니다. 자사의 자원에는 한계가 있다는 것을 이해하면서 나온 태도로, 특정 분야에 대해 자사보다 전문성, 경험이 높은 조직과 네트워크를 맺거나 협업하면서 혁신을 만들어 내는 것입니다.

대표적인 것이 삼성전자의 C랩 Creative Lab 프로젝트입니다. C랩은 삼성전자가 도입한 사내 벤처 육성 프로그램입니다. 삼성전자 내부에서 주제에 따른 과제 해결 인력을 모은 후, 지나치게 혁신적이거나 당장 그 사람의 업무와 관련성이 없더라도 유의미한 도전이라 판단되면 C랩이라는 별도의 조직으로 보냅니다. C랩으로 보내진 직원은 본인의 업무 시간을 투입하여 과제 해결을 위해 노력하고, 만약 실패하게 되면 다시 현업으로 돌아오게 됩니다. 삼성맨이지만 C랩을 통해 외부와 적극적으로 협업하면서 답을 찾아볼 수 있습니다. 이런 방법은 결국 내부 직원에게는 새로운 아이디어를 얻는 힘이 되고, 기업에게는 새로운 자원과 역량을 수급하는 방법이 됩니다. 지금처럼 빠르게 성장하는 시기에 꼭 필요한 경영 방법론이라고 할 수 있습니다.

ESG 경영에서 이러한 오픈 이노베이션은 특히 중요합니다. 일반적으로 기업 내부에는 ESG 경영에 대한 전문성이 거의 없기 때문입니다. 환경 문제를 해결하고자 할 때 자사의 제품이 지역사회에 어떤 영향을 끼치고, 얼마나 많은 오염 물질을 만드는지 알고 있는 경우는 거의 없습니다. 내부자의 눈으로는 보이지 않는 문제와 해결법을 찾기 위해서, 그리고 ESG 경영을 위해서 반드시 외부와의 협력이 필요합니다. 예를 들어 정유 회사의 경우, 미래 성장을 위해서 신재생 에너지 전문성이 필요합니다. 하지만 해당 전문인력이 사내에 있을 가능성은 크지 않습니다. 바로 그때 소셜 벤처와 협력하게 되는 것입니다.

과거에는 소셜 벤처의 업력과 경영 상태가 좋지 않아 협력을 기피하는 경우도 있었습니다. 그러나 최근에는 우수한 파트너가 많이 만들어지기 시작했습니다. 문재인 정부가 들어서면서 2021년 기준 최근 3년간 약

5,000억 원의 투자가 집행되었습니다. 2021년 말에는 약 7,000억 원의 누적 투자금이 예상됩니다. 이에 시리즈B 투자를 유치할 정도로 성장한 회사가 나오기 시작했습니다.

대표적인 곳이 노을이라는 소셜 벤처입니다. 우리나라에 잘 알려지지 않았지만, 노을은 말라리아를 진단하는 혈액진단 기기를 만드는 회사입니다. 개발도상국은 여전히 수천만 명이 말라리아로 죽어가고 있어, 말라리아를 진단하는 기술은 국제 사회에서 매우 필요한 기술입니다. 말라리아 약은 크게 네 종류로 나뉘는데, 증상에 맞는 약을 먹지 않으면 낫지 않을뿐더러 간이 크게 상할 수 있어 처방이 매우 중요합니다. 그런데 의료 시스템이 열악한 아프리카에서는 말라리아를 진단하고 치료할 의사를 만나는 데에만 수 일이 걸리며, 검사를 하는 데에는 2주가 넘게 걸립니다. 심지어 검사는 최대 6주까지 걸린다는 보고도 있습니다. 말라리아는 약만 잘 먹으면 충분히 치료가 가능한 병이지만 아프리카에서는 진단을 제대로 받지 못해 사람 죽는 일이 비일비재하게 일어나는 안타까운 상황인 것입니다.

노을은 말라리아의 정확하고 간단한 진단을 위해 노력했고, 성공했습니다. 말라리아균의 유형을 판단할 때는 혈액을 현미경으로 관찰하여 판단하는데, 노을이 개발한 기술이 탑재된 특수 현미경을 사용하면 이를 15분 만에 판별할 수 있게 됩니다. 일반적으로 말라리아 진단 기계는 수억 원에 이르지만, 노을의 진단 기기는 몇천만 원대에 보급되어 시간과 비용을 모두 획기적으로 줄였습니다. 이 기술의 성능은 스위스 등 여러 국가에서 검증받았는데, 매우 긍정적인 결과를 받았으며, 오히려 기존 설비보다 정확도가 높다는 평을 받기도 했습니다. 노을은 늦어도 2022년에는 이 제품을 시판할 수 있을 것으로 보고 있습니다.

노을은 빌 게이츠 Bill Gates 가 선정한 가장 기대되는 스타트업 중 하나로 꼽힐 정도로 크게 성장했습니다. 이들은 말라리아 진단이 돈이 될지, 안 될지 모르는 상황에서 사회문제 해결을 위해 뛰어들었는데, 빌&멀린다 게이츠 재단 Bill & Melinda Gates Foundation 에서 이들에게 투자하겠다고 거꾸로 나선 상황이 된 것입니다. 상품만 만들면 사주겠다고 하면서 말입니다. 이처럼 노을은 2020년에만 200억 원의 투자를 받았습니다. 이어서 2022년 소셜벤처 최초로 자력으로 상장이 확정되어 준비중에 있습니다.

이외에 에누마 Enuma 라는 회사도 있습니다. 에누마는 엔씨소프트 출신 부부가 만든 게임 기반 교육 스타트업입니다. 느린 학습자인 자녀에게 수학을 가르쳐주고 싶었던 부부는 아이에게 맞는 학습 방법을 만들고자 했습니다. 흔히 게임은 교육상 좋지 않다고 하지만 이 부부는 공부도 게임처럼 즐겁게 할 수 있도록 하겠다는 의지로 교육용 소프트웨어를 만들었습니다. 다시 말해 놀면서 즐겁게 영어나 수학을 배울 수 있도록 한 것입니다.

처음에는 느린 학습자에 해당하는 자녀를 가진 부모에게만 도움이 되리라고 생각하며 앱을 공개했는데, 해당 앱은 전 세계 20여 개의 나라에서 교육 분야 앱 1위를 할 정도로 성장했습니다. 왜일까요? 단순히 장애인이 아니라 '느린 학습자'를 위한 앱을 만들다 보니 일반 부모에게도 호응을 얻게 된 것이었습니다. 누군가가 강요하는 수준이 아니라, 자신의 수준에 맞게 아이가 천천히 즐겁게 학습하도록 돕는다는 점이 모든 부모에게 어필한 것입니다. 마치 휠체어 사용자가 편하게 드나들 수 있도록 턱을 없애자 유모차, 노인 등 많은 사람에게 그 공간이 환영받는 것처럼 말입니다. 가장 취약한 사람에게 맞추면 조금 취약한 사람에게도 도움이 된다는 것을 증명한 셈입니다.

에누마는 2020년에 250억 원 정도의 시리즈B를 투자를 받았고, 유의미한 영업 이익도 나기 시작했습니다. 현재 글로벌 비즈니스를 하고 있으며, 웬만한 대기업과 어깨를 나란히 하는 비즈니스 역량을 갖추게 되었습니다. 미리 에누마와 협업을 한 대기업 교육 회사가 있다면 아마 큰 도움을 받았을 것입니다.

또 다른 회사로는 수퍼빈 SuperBin 이 있습니다. 수퍼빈은 순환자원 회수 로봇에 페트병을 넣었을 때 깨끗한 것을 선별하는 인공지능 솔루션을 만들었습니다. 쓰레기를 알아서 선별하는 로봇을 만든 것입니다. 선별의 목표는 깨끗한 페트병을 모아 재활용률을 높이는 것으로, 2020년 200억 원가량의 투자를 받았습니다. 수퍼빈은 현재 선별을 고도화하는 기술을 개발하기 위해 노력하고 있습니다. 이러한 기술 개발에는 자원 재활용이나 로봇 기술을 가진 다른 기업과의 협업이 가능할 것입니다. 이런 식으로 소셜 벤처가 중요한 오픈 이노베이션 파트너로 성장하게 된 것입니다.

앞서 언급한 포이엔도 마찬가지입니다. 커피 찌꺼기를 통해 탄소 배출권을 확보하게 되면서, 여러 대기업들의 관심을 받고 있습니다. 대기업에게 탄소 배출권이 중요한 화두가 됐지만, 대기업이 갑자기 내부적으로 탄소 배출권을 위한 절차를 만드는 건 매우 어렵기 때문입니다. 지금 와서 팀을 만들고, 시행착오를 반복하다가는 대응 타이밍을 놓칠 수도 있습니다. 그러므로 소셜 벤처와 연합 회사를 만들거나 투자 혹은 계약을 통한다면 더욱 빠른 해결책을 만들어 낼 수 있습니다.

에이런Arun은 삼성전자에서 정수와 공기정화공정 분야에서 일하던 사람들이 만든 회사로, 정수 시스템을 만드는 회사입니다. 수처리 기술은 일반적으로 '보다 더 자세한 입자를 걸러내면서도 비용은 줄일 수 있을까?' 하는 논의를 주로 하는데, 에이런은 이와는 다른 관점에서 출발했습니다. 다름 아닌 수처리 과정에서 환경오염이 매우 심하다는 점에 집중한 것입니다.

정수 과정에 쓰이는 고분자필터는 플라스틱으로 되어 있는데, 에이런은 이를 매우 자주 교체해야 한다는 데 주목했습니다. 정수하면서 환경오염을 만드는 모순을 포착한 것입니다. 또한, 필터의 작은 구멍으로 물이 빨리 빠져나가면서 정수가 되다 보니, 펌프를 돌려 강한 압력을 만들어야 합니다. 펌프를 돌리는 데에도 막대한 에너지가 들게 됩니다. 이 또한 환경오염을 만드는 또 하나의 모순이 됩니다. 에이런이 개발한 기술은 입자를 걸러내는 것에도 우수하고, 가격도 저렴하며, 탄소 배출량도 80%나 줄일 수 있습니다. 물을 강하게 펌핑하지 않아도 되는 필터를 만든 것입니다. 이런 기술을 대기업이 도입한다면 RE100 달성에 큰 도움이 될 것입니다.

아주 다른 영역에서의 사례도 있습니다. 우리나라의 직장 사회에서 여성이 고위 임원까지 승진하는 비율은 매우 낮습니다. 흔히 말하는 '유리천장' 때문입니다. 이러한 현상은 회사에도 큰 손해가 아닐 수 없습니다. 유능한 인재가 아이를 낳게 되면서 회사를 그만두는 일이 일어나기 때문입니다. 새로운 사람을 뽑아서 기존의 인재만큼 하도록 훈련하려면 큰 비용이 들며, 또 그만큼 업무를 수행할 수 있는 사람을 구할 수 있다는 보장도 없습니다. 게다가 ESG 흐름이 거세지면서 이사회 구성원 중 여성의 비중이 작으면 점수를 잘 받기 어려운 현실적 문제도 생겼습니다.

그런데 이러한 문제의 솔루션은 기업이 당장 만들기가 쉽지 않다는 것입니다. 문화적 요인이 있기 때문입니다. 문제 해결을 위해 어린이집을 만든다 해도 갑자기 많이 만드는 것 또한 어렵습니다. 이러한 상황에서 시간제 보육을 제공하는 소셜 벤처가 생겨났습니다. 그 대표주자는 놀담이라는 회사입니다. 물론 보육 서비스를 제공하는 다른 소셜 벤처도 있지만, 놀담은 유일하게 여러 명을 한 번에 보육하는 서비스를 제공합니다. 다대일 보육을 활용해 시터의 시급은 올리고, 아이를 맡기는 사람의 비용은 절감하는 효과를 낸 것입니다. 그러다 보니 이러한 다대일 보육 서비스를 기업이 바우처 형태로 제공하기 시작했습니다. 보육 서비스 제공을 통해 사내의 복지 제도를 개선할 수 있게 된 것입니다. 그뿐만 아니라 백화점 등에서도 고객 서비스를 위해 보육 서비스 제공 회사와 협력할 수 있을 것입니다.

폐기물 관련 영역도 빠르게 발전하고 있습니다. 폐기물을 버릴 때, 처리 방법을 잘 모르거나 폐기물의 무게 때문에 곤란한 경우가 많습니다. 같다라는 소셜 벤처는 이 문제를 해결하고자 했습니다. 스마트폰 앱으로 사진을 찍으면 폐기물을 인식하고, 그것을 가장 빠르고 저렴하게 처리할 사람을 연결해 주는 것입니다. 같다의 데이터베이스 안에는 해당 폐기물의 구성비와 어떤 방식이 가장 친환경적인지 알려주는 정보까지 포함되어 있습니다. 이용자 수가 늘어날수록 데이터베이스의 정보량은 더욱 커질 것입니다. 최근에는 옷을 대량 처리해야 하는 기업과 연계하여 폐기, 리폼 및 재활용을 하도록 돕는 서비스를 론칭하기도 했습니다. 폐기물이 문제가 되는 공장이나 클러스터, 건물 등이 소셜 벤처와 협업한다면 비용도 줄이고 환경문제 해결에도 기여할 수 있을 것입니다.

마지막으로 좀 더 대형화할 수 있는 프로젝트도 있습니다. 롯데케미칼은 페트병 산업에 있어 국내 점유율이 50%가 넘는 회사입니다. 많이 생산하기 때문에 처리해야 하는 양 또한 많을 수밖에 없습니다. 하지만 사용한 페트병을 처리하는 방법은 많지 않습니다. 특히 페트 회사 입장에서는 갑자기 새로운 소재를 개발하라거나, 페트 자체의 생산량을 줄이라고 하면 받아들이기가 어렵습니다. 이때 롯데케미칼이 찾아낸 방법이 재생입니다. 그러나 롯데케미칼은 이를 내부적으로 바로 처리하기에는 어려움이 있다고 판단하고, 소셜 벤처 및 일반 중소기업 여덟 곳과 협업하여 해결하고자 노력했습니다. 이들의 협업은 임팩트스퀘어가 코디네이팅했습니다. 진행 과정이 매우 어려웠지만 많은 노력 끝에 결국 시행될 수 있었습니다. 협업의 결과로 페트병을 재활용하여 우수한 신발, 가방, 파우치 등을 만들 수 있었습니다.

놀랍게도 롯데케미칼은 이 프로젝트를 단순 사회공헌이 아니라 신사업 육성의 측면으로 접근했습니다. 내부에서 진행하기 어려운 프로젝트라 판단한 후, 외부에서 당장 시행할 수 있는 소셜 벤처를 지원하고 협력하면서 외부의 시각으로 사업의 타당성을 시험해 본 것입니다. 실제로 롯데케미칼은 이 프로젝트 이후 플라스틱 재생 공장을 짓는데 1천억 원 투자를 결정하였습니다. 이러한 방식을 활용하면 가볍게 테스트를 할 수 있으며, 비용도 적게 듭니다. 또, 외부의 시각까지 반영할 수 있으니 일석삼조입니다. 이렇듯 외부와의 협력을 진행하며 관련 펀드를 만들거나 투자 및 지원을 하는 방식으로 프로젝트를 진행하면 훨씬 더 적극적이고, 더 빨리 ESG 경영을 도입할 수 있습니다.

## 박선하 기자가 묻고, 도현명 대표가 답하다

**박기자**　ESG 흐름과 관련해서요. 국내에서 소셜 벤처도 많이 생겨나고 있
다고 소개를 해주셨는데요. 그 이유가 무엇이라고 보시나요?

**도현명**　ESG가 주목받는 이유와 크게 다르지 않습니다. 사회문제를 정부
나 비영리기관에만 맡겨놓기엔 문제가 너무 커졌기 때문이죠. 문
제를 해결해야 한다는 목소리가 높아지니 시장이 형성된 겁니다.
대가나 비용을 직접 지불하든, 남이 지불하든 이 구조 안에서 결국
사회문제, 환경문제, 다양성과 윤리와 관련된 문제를 해결하는 시
장이 생기게 되는 거죠. 그러니 사회문제 해결 그 자체를 주요 미
션으로 삼는 기업, 즉 소셜 벤처가 생겨나는 것입니다.

**박기자**　ESG 측면에서 역할을 잘 해나가고 있는 소셜 벤처 몇 곳을 소개
해 주신다면요?

**도현명**　아직 이 정의는 만들어지는 중이라 기준을 단언하긴 어렵지만, 무
엇보다 스타트업이 대부분인 소셜 벤처라면 그동안 없었던 솔루
션을 내는 것이 중요하다고 봐요. 노을이라는 소셜 벤처를 보겠습
니다. 기존의 말라리아균 판별 제도가 굉장히 복잡하고 오래 걸렸
었는데, 그것을 15분으로 단축했습니다. 평균 2주 가까이 걸리던

것을 15분으로 단축해서 사람들의 생명을 구하는 데 크게 기여한 거죠. 기존에 없던 솔루션입니다. 게임의 룰을 바꿨고, 해당 문제가 해결될 대안을 제시해 규모화했습니다. 이러한 기업이 더 많아지면 훨씬 살기 좋은 사회가 될 것이라는 기대가 있습니다.

박기자　소셜 벤처에 투자하고 키우는 건 굉장히 중요한 일이긴 한데요. 사실 단기 이익 측면에서 보면 투자하기가 조금 꺼려질 수도 있어요. 이럴 때 어떤 식으로 설득을 하시나요? 아니면 소셜 벤처에만 투자하는 펀드 자체가 집중적으로 늘어나고 있어서 기회가 늘어나는 건가요?

도현명　다행히 문재인 정부에서 임팩트 펀드의 규모가 늘어났어요. 10년간 구축되었던 기존의 축적 펀드가 500억 원 단위인데, 3년간 축적된 규모가 5,000억 원이 넘기 때문에 굉장히 자금이 빠르게 늘어난 것은 맞습니다. 투자를 통한 학습이 이루어지면서 소셜 펀드가 진행하는 프로젝트도 질적으로 좋아지겠죠. 또한, 대기업에는 그들이 몇 년 안에 얻을 수 있는 이익을 직접적으로 설명합니다. 소셜 펀드에 대한 투자와 그들의 이익이 왜 논리적으로 연결되어 있는지, ESG든 CSV든 CSR이든 무엇인가를 분명히 얻을 수 있다는 사실을 설명하죠. 그러다 보니 기술 기반 사업이나 홍보가 가능한 새롭고 놀라운 제품 등으로 관심이 쏠리긴 합니다. 기업들이 좋아하는 것도 그러한 두 종류이기 때문이죠. 하지만 그런데도 두 부류의 시장이 커지면서 생태계 전체가 좋아지는 효과가 있어요. 그러므로 그것부터라도 빨리 연결하는 것이 저의 역할이라고 생각하고 있고요. 그걸로 설득이 좀 되는 편입니다.

**박기자** 기업들이 ESG를 추구하는 과정 중 하나로 소셜 벤처와의 협업에 많이 나서고 있다고도 볼 수 있겠네요.

**도현명** 미국에서는 연간 40개 정도의 소셜 벤처가 최소 100억 원 단위 이상의 투자나 M&A를 받고 있습니다. 기존 기업이 AI를 내재화하기 어려우니까 AI 전문 기업에 투자하고 M&A하는 것처럼, ESG 경영을 해야 하는데 해당 영역에 대한 전문성이 충분하지 않기 때문에 일종의 오픈 이노베이션 관점에서 소셜 벤처를 초대하거나, M&A라는 방식으로 그들을 내재화해야 한다고 생각해요. 유니레버가 밴앤제리를 매입한 것은 아이스크림 사업 자체가 멋있다는 이유뿐만 아니라 지속가능한 자원을 확보하는 방법, 정치적 지향을 드러내면서도 브랜드를 잃지 않는 노하우를 사기 위한 것이었습니다. 그래서 M&A를 한 다음 경영 면에서는 독립하도록 한 거죠. 이런 관점에서 보는 소셜 벤처와의 협업은 국내 대기업에 반드시 필요한 일이고, 유리한 일이라고 생각해요.

**박기자** 그러니까 말씀하신 것을 정리해 보면 '오랜 기간의 업력과 경제적인 파급력을 가지고 있는 대기업이 ESG를 추구할 때, ESG에 전문성을 가진 소셜 벤처와 협업하면 더 큰 혁신을 만들어 낸다.'라고 정리할 수 있겠네요.

**도현명** 그렇습니다. 개방과 혁신이 ESG에 굉장히 유효한 도구인 이유고, 대상 파트너십이 소셜 벤처라고 저희가 열심히 주장하는 이유인 거죠.

## PART 10

Environmental
Social
Governance

커뮤니케이션!
ESG 요소가
사업 경쟁력으로
전환되는 길

# 커뮤니케이션! ESG 요소가
# 사업 경쟁력으로 전환되는 길

ESG가 CSR과 다른 점은 매우 많습니다. 그중에 가장 확연하게 다른 점은 바로 '커뮤니케이션 방법'입니다. 몇 년 전, 뉴욕에서 열리는 콘퍼런스에 참가했을 때 당시 유니레버 CEO였던 폴 폴먼Paul Polman이 사업 내용을 발표하는 것을 들은 적이 있습니다. 그때 이야기의 논리 구조가 한 치의 어긋남도 없이 탄탄하게 짜여 있어서 참 흥미로웠습니다. ESG도 바로 이런 식으로 해야 합니다.

CSR에서의 커뮤니케이션 방식은 과장하여 말하면 논리구조 없이 '우리가 이런 착한 일을 했습니다.' 하는 것 하나만 있으면 됩니다. 대표적인 것이 '함께 김장하여 취약계층에게 나눠주었다.', '독거노인에게 도시락을 나눠주었다.' 하는 것입니다. 이러한 활동이 의미 없다는 것이 아니라, ESG는 아니라는 것입니다. 이 활동은 기업이 착한 일을 한 하나의 별도의 에피소드로 남게 될 뿐, 기업의 비즈니스와는 직접 연결되지 않습니다.

그러나 ESG는 비즈니스와 연결된 맥락 속에 존재해야 합니다. 기업의 소비자, 주주 및 정부 등 이해관계자가 납득할 수 있는 구조가 필요합니다. 바로 이러한 논리 구조, 스토리를 만드는 것이 ESG 커뮤니케이션의 핵심입니다.

시멕스는 멕시코의 시멘트 회사입니다. 이 회사는 B2B 영업을 하는 회사로, 주로 건설회사에 시멘트를 팝니다. 다시 말해 건설 업계 경기와 회사의 매출이 비례합니다. 이러한 업계의 공통 문제에 대해 시멕스는 어떤 태도를 보였을까요? 시멕스뿐 아니라 많은 시멘트 회사는 비교적 건설 업계 경기가 나은 인근 국가에 판매를 시도했습니다. 그러던 중 시멕스는 '자가주택건설'이라는, 매출이 잘 안 나오던 부서에 집중하기 시작했습니다.

자가주택건설이란 돈이 없어 직접 집을 짓는 서민을 대상으로 사업을 진행하는 부서로, 개인에게 시멘트를 파는 B2C 영업을 주로 합니다. 매출 비중이 크지 않다 보니 주로 비영리단체와 협업하는 경우가 많았습니다. 서민층에게 주택 공급 사업을 하는 곳은 주로 비영리단체가 하기 때문입니다. 이때 내부에서 "서민층을 표적으로 해 보면 어떻습니까?" 하는 의견이 나왔습니다. 처음에는 경영진이 당황스러워했지만 결국 이 의견을 수용했습니다. 비영리조직, 소셜 벤처와 함께 서민들의 집을 짓는 프로젝트에 나선 것입니다.

이때 이 프로젝트를 진행할 수 있도록 한 중요한 질문이 있었습니다. 바로 "멕시코 서민층은 집을 갖고 싶어 하는데 왜 집을 안 지을까?" 하는 질문입니다. 시멕스는 이 질문에 답하기 위한 연구를 시작했고, 그 과정에서 크게 두 가지 문제가 있다는 것을 발견했습니다. 첫 번째는 비전문가가 집을 짓다 보니 집을 지을 때 자꾸 부숴야 하는 일이 생긴다는 점과, 그 과정에서 시간이 많이 소요되고, 자재 낭비도 평균 30% 이상으로 심각하게 발생했다는 점입니다. 두 번째는 돈이 없다는 점이었습니다. 주택 건설의 명목으로 대출을 제공하는 금융기관이 없다 보니 사람들은 계를 만들어 돈을 모았는데, 계주가 돈을 가로채고 사라지는 일도 흔히 발생했습니다.

이 문제를 인식한 후, 시멕스는 서민들에게 주택 건설을 컨설팅하는 일을 시작했습니다. 가족 구성과 필요한 사항 등을 상담한 후 어떤 식으로 집을 지어야 할지 알려주고, 도면과 자재를 공급하는 것입니다. 송금의 경우, 미국에 이민을 간 친척들이 필요한 비용을 송금한다는 부분에 착안하여 해결했습니다. 미국 남부에 있는 지사가 계주가 되어 돈을 관리하는 것입니다. 미국 남부 지사가 돈을 받고, 현지의 사무소가 자재를 공급하면 송금 수수료는 덜 들고, 돈을 잃을 위험도 줄어듭니다. 그 결과 건설 기간도 평균 4년에서 1년 7개월로 대폭 감소하였고, 비용 또한 35% 이상 감소했습니다. 게다가 만들어진 주택의 질도 훨씬 좋았습니다. 이러한 방식으로 주택 300만 채가 지어졌고, 시멕스는 불경기 상황에서 유일하게 매출이 성장한 회사가 되었으며, 이후로도 승승장구하고 있습니다.

시멕스의 사례를 보면, ESG의 목표를 설정하고 시행하는 과정이 누구나 이해하기 쉽고 설득력 있게 이어진다는 점을 알 수 있습니다. 즉, 기업의 주된 활동과 동떨어진 하나의 에피소드로 ESG를 진행한 것이 아니라, 비즈니스의 핵심 목표와 해당 기업이 추구하는 사회적 가치 및 해결하려는 사회적 문제가 잘 맞닿아 있다는 것입니다. 이렇게 진행할 때에야만, 비로소 ESG가 완성되는 것입니다. 하나의 논리 구조로 쉽게 이어진다는 것을 알 수 있습니다. 환경, 사회, 의사결정 구조를 개선하는 것이 비즈니스에 핵심적으로 영향을 주어야 합니다. 개선의 내용이 서로 분절된다면 완성된 이야기를 만들지 못한 것입니다. 즉, 기본 ESG 커뮤니케이션 구조를 갖추지 못한 것으로 볼 수 있습니다.

이런 방식으로 자사의 ESG 경영 추진 실태를 점검해 보는 것을 추천합니다. 하나의 논리 구조로 우리 기업의 ESG와 비즈니스를 잘 설명할 수 있는지, 이 연결이 매끄러운지, 누구에게나 쉽게 설명할 수 있도록 막힘없이 흘러가는지 등을 점검해야 합니다. ESG는 투자사의 관점이고, 투자사는 증명할 수 있는 수치가 있는 평가 자료만 받아들입니다. 이 평가라는 것은 각 기업의 제출 자료뿐 아니라 언론 보도, 관련 이해관계자의 연구나 평가 문서 등 다양한 자료를 통해 이루어집니다. 그러므로 여기에 대처하기 위해서는 여러 자료 안에서 ESG 커뮤니케이션이 통일된 맥락을 가질 수 있도록 잘 대비해야 합니다. 공식 자료는 물론, 직접 제출하지 않는 자료도 관리해야 합니다. 자료 안에서 '김장을 했습니다.' 하는 단편적인 이야기는 전혀 감동을 주지 못합니다. 정말 ESG가 기업의 핵심 비즈니스를 움직이는지를 평가하기 때문입니다. 그러니 이 과정을 잘 꿰는 것이 매우 중요합니다. 이러한 스토리를 다양한 곳에 배포해야 우리의 노력이 온전히 평가받을 수 있습니다.

최근, 한국 기업으로부터 MSCI의 평가 프로세스 전체를 리뷰해 달라는 요청을 받기도 하고, 반대로 해외 평가기관으로부터 국내 기업의 ESG를 평가해 달라는 요청을 받기도 합니다. 모든 ESG 평가 관련 기관은 국적을 불문하고 정확한 증거 자료가 있는 데이터를 원한다는 것입니다. 과거 CSR 방식의 기사로는 ESG 평가 관련 기관을 만족시킬 수 없고, 실패한 커뮤니케이션 경험만 남게 됩니다. 그렇기 때문에 ESG 소통을 홍보실이나 사회공헌팀이 담당해서는 안 됩니다. 비즈니스의 핵심 내용을 알리듯이 ESG를 다뤄야 합니다.

기사를 내더라도 농촌 일손 돕기, 김장하기, 협력 등 추상적이고 단편적인 소식이 아니라 구체적인 정보와 사실이 들어가야 합니다. 또한, 기사를 노출하는 단계에서 멈추면 안 됩니다. 각종 콘퍼런스 등 관련자 행사에서 자사의 자료가 발표되도록 노력해야 합니다. 그러한 데이터가 모여 쓸모 있어지기 때문입니다. 여러 웹페이지에 자사의 내용이 실리고, 소개될 수 있도록 나서야 합니다. 그래야 이 유의미한 자료들이 정확히 평가에 반영될 것입니다.

그러나 이 과정에서 정말 주의해야 할 것이 있습니다. 바로 'ESG 워싱'입니다. ESG가 아닌데, ESG를 하는 것처럼 꾸미는 일을 말합니다. 이 워싱은 굉장히 위험합니다. 과거에는 먹혔을 수도 있겠지만 지금은 전혀 소용이 없습니다. 평가기관은 물론, 대중 역시 해당 ESG 스토리텔링이 근거가 있는지 평가하기 때문입니다. ESG를 잘못 내세웠다간 오히려 역풍을 맞을 수도 있습니다. 책임질 수 있는 정보가 아니라면 조심해야 합니다.

대표적으로 아라베스크라는 평가기관이 있습니다. 이 회사는 폭스바겐 Volkswagen 을 아예 평가 대상에서 지워버렸습니다. 왜냐하면, 폭스바겐이 DJSI Dow Jones Sustainability Indices (다우존스지속가능평가지표)에서 최상위권을 기록해 왔는데 그 근거 자료가 허위였다는 사실이 밝혀졌기 때문입니다. 허위성 문제가 불거지니 '평가 자체를 거부한다.'라는 불명예를 안게 된 것입니다. 그러므로 쉽게 가려고 워싱을 선택해서는 절대 안 됩니다. 아라베스크가 평가하지 않는 회사는 여럿입니다. 모두 과장이나 허위가 적발된 곳입니다. 선한 의도를 담았다고 해도 정상참작은 되지 않습니다. 특히 주의해야 합니다.

LAR이라는 소셜 벤처가 만든 친환경 신발은 아시아 최초로 100% 친환경 소재 활용률을 달성한 제품입니다. 모든 소재가 재활용이나 재사용으로 만들어진 것입니다. 임팩트스퀘어가 LAR을 처음 접했을 때는 약 70% 정도만 친환경 소재였고, 30%는 썩지 않는 일반 소재였습니다. 그렇다면 그 당시 LAR의 제품을 소개할 때 친환경 신발이라고 하면 맞는 말일까요? 물론 틀린 말은 아닙니다. 친환경 소재 70%는 일반 신발과 비교하면 매우 좋은 수치입니다. 그럼에도 불구하고 임팩트스퀘어는 그렇게 소개해서는 안 된다고 말했습니다. 나머지 30%가 일반 신발 폐기물과 같은 방식으로 처리되기 때문입니다. 고객 입장에서는 "친환경이라며? 뭐야, 방식이 똑같네?" 하는 식으로 배신당한 느낌이 들 수 있습니다.

임팩트스퀘어는 LAR에 투자를 진행하였는데, 이때 투자 조건 중 하나가 2년 내에 100% 친환경 신발을 만드는 것이었습니다. LAR은 그 조건을 받아들였고, 만들어 냈습니다. 최근에는 매우 빠르게 성장세를 만들어 내고 있습니다. 이렇듯 커뮤니케이션은 매우 중요합니다. 사실에 기반을 두고 있더라도 과장이 포함되거나 허위성이 짙다면 역풍을 맞을 수 있습니다. 오히려 공격받을 수 있다는 뜻입니다.

그리고 아주 중요한 지점이 하나 더 있습니다. "이 제품은 100% 친환경 제품입니다."라고 하면 사람들이 그 신발을 살까요? 고객에게 100% 친환경 제품이라는 사실은 사실 매력이 없습니다. 나이키 신발을 사려고 하는데, 친환경이 아니어서 사지 않았던 경우가 있었던가요? 대부분은 그렇지 않을 것입니다. 그러므로 제품의 매력적인 특성을 내세워야 합니다.

LAR 신발의 특징은 매우 가벼운 착화감에 있습니다. 유사한 디자인을 가진 다른 회사의 제품 보다 소재 특성상 매우 가벼운 무게를 가지고 있습니다. 그래서 매우 가볍다는 점을 내세우고, 그것이 발 건강에도 좋다는 점을 알리는 것입니다. 또한, 화학 소재가 없으니 땀이 나도 인체에 유해한 물질이 나오지 않습니다. 이러한 식으로 어떻게 소통하는 것이 고객에게 의미가 있을지를 고민해야 합니다. "이 신발은 100% 친환경 신발이니까 사주세요."라고 하는 것이 아니라 "예쁘죠? 심지어 아주 가벼워요. 다른 신발과 달리 화학 물질도 안 나온답니다." 이렇게 설명해야 한다는 뜻입니다. 커뮤니케이션에도 전문성이 필요한 시점이 온 것입니다. 바로 이 지점에서 많은 대기업이 실패를 경험했습니다.

크게 화제가 됐던 실패 사례가 있습니다. 화장품 기업 이니스프리가 '페이퍼 보틀Paper Bottle'을 내걸고 홍보했다가 크게 역풍을 맞은 사례입니다. 화장품 포장에 플라스틱이 아닌 종이 재질을 활용했다고 하며, 환경에 유의미하다고 알렸는데 실제로 종이 포장을 잘라 봤더니 그 안에 플라스틱 용기가 있던 것입니다. 이 일로 이니스프리는 어마어마한 비판을 받았습니다. 그런데 막상 내부를 들여다보면 이니스프리도 억울한 점이 있기는 합니다. 종이 포장을 통해 플라스틱 사용량을 51.5%까지 줄였기 때문입니다. 완전한 허위는 아닌 셈이었고, 노력한다는 점에서 칭찬을 받아야 할 상황이었습니다.

그러나 '페이퍼 보틀'이라는 이름이 잘못이었습니다. 사람들은 이 병 전체가 종이로 만들어졌다고 착각한 것입니다. 그러니 이니스프리도 책임이 있는 것입니다. 억울해하는 것이 아니라, 앞으로의 커뮤니케이션 방향을 잘 잡아야 합니다. 과거 CSR을 할 때는 이런 방식으로 홍보를 할 수 있었지만, 최근 ESG 경영에서는 이런 과장이 통하지 않는다는 점을 몸소 확인했으니 말입니다.

포스코 또한 ESG 관련 점수가 높은 기업이지만, 크게 비판받은 사례가 있습니다. 2021년 포스코는 사내에 종이컵을 없애고, 전 직원이 텀블러를 쓰겠다고 발표했습니다. 분명 좋은 일인데, 해당 기사에는 많은 비판의 댓글이 달렸습니다. 포스코의 회장이 직접 나서서 이 일을 'ESG 경영'이라고 내걸고 크게 홍보했기 때문이었습니다. 국내 전문가들 또한 이 사례를 보고 많은 비판을 했습니다.

텀블러를 쓰는 것이 의미 없는 일은 아닙니다. 다만, 포스코가 일으키는 환경오염에서, 기업 구성원이 사용하는 종이컵의 비율은 얼마나 될까요? 국내 탄소 배출량의 10%를 포스코가 배출하고 있습니다. 이들이 연간 사용하는 에너지와 자원의 양을 볼 때 더 중요한 일이 있을 텐데, 그것은 그대로 두고 종이컵을 안 쓰겠다는 것을 ESG라고 자화자찬하니, 사람들이 곱게 보지 못하는 것입니다. "종이컵 사용 금지가 현재의 포스코가 정말 해야 하는 ESG 경영인가?" 하는 경고의 목소리가 일면서 그저 보여주기식이라는 비판을 받았습니다.

현재의 포스코가 정말 해야 하는 일은 공장 근처의 오폐수 처리 문제를 밝히는 것입니다. 다시 말해 가장 중요한 커뮤니케이션을 제대로 해야 한다는 것입니다. 과장하고, 추상적인 아이디어를 내걸어 감동을 먼저 주고 싶은 유혹을 이겨내야 합니다. ESG는 감동의 영역이 아닙니다. 지극히 냉정하고 삭막하게 계산되며 측정되는 일입니다. 이 커뮤니케이션에 성공하는 기업이 ESG 분야의 선도 기업이 될 것입니다.

# 박선하 기자가 묻고, 도현명 대표가 답하다

**박기자** 이니스프리와 포스코의 사례를 언급해 주셨잖아요. 사실 이니스프리 사례가 굉장히 논란이 됐는데, 최초 기업의 반응을 보면 당사자들은 '조금 억울하다.' 하는 반응도 비치거나, 일부 그럴만하다는 의견도 있기는 했습니다. 그것에 대해 좀 설명을 해주시면 좋을 것 같습니다.

**도현명** 제가 실제 기업명을 거론하면서 이니스프리랑 포스코의 커뮤니케이션 이슈를 말씀드린 이유는 시도 자체는 괜찮기 때문입니다. 액션과 활동은 칭찬할 만해요. 그렇게 시도하는 것이 좋은 첫 발자국이 될 수 있죠. 다만, 제가 언급한 문제점은 커뮤니케이션이 과거의 방식이라는 것입니다. 과거 사회공헌과 CSR을 했을 때는 회장님이 나와서 기념사진을 찍고, 테이프 커팅을 하고, 혹은 그럴듯한 이름을 붙여서 최대한 감동적인 영상 만들어 끝내는 식의 보여주기나 일회성이 주류인 적이 있었습니다. 그러나 이제는 바뀔 때가 됐습니다. 이니스프리가 '페이퍼 보틀'이라는 말만 안 썼어도, 사람들이 "다 종이로 됐나 봐."라는 오해를 만들지만 않았어도 이런 비판은 없었을 것입니다. 오히려 칭찬받았겠죠. 포스코가 "종이컵을 텀블러로 바꿉니다."라는 것을 얘기할 때 회장님이 나와서 사진만·안 찍었어도, 이걸 ESG 대표 사례라고 홍보만 안 했어도 누구도 거기에 비난하지 않을 것입니다. 도리어 칭찬했겠죠. '이렇게 시작하는구나.' 하고요. 그래서 ESG는 좀 더 담백하고 솔직한 커뮤니케이션, 데이터와 근거가 바탕이 된 커뮤니케이션에 주력해야 한다는 관점에 좀 더 집중할 필요가 있다고 생각해요.

**박기자** ESG 커뮤니케이션이 굉장히 중요하긴 하지만 일전에 설명하신 것처럼 지나치게 단기적인 성과를 과시하는 데 집중하다 보면 엎어지거나 넘어지거나, 또는 역으로 비난받는 일이 생긴다는 말씀이신 것이죠?

**도현명** 네. 맞습니다.

**박기자** 이런 비슷한 사례들이 해외에서도 있나요?

**도현명** 아주 많죠. KFC가 '핑크 버켓 Pink Bucket'이라는 프로모션을 한 적이 있어요. 유방암 캠페인인 핑크리본 아시죠? 유방암 재단과 협업을 해서 KFC의 시그니처인 빨간 버켓을 분홍색 버전으로 내놨고, 이 버켓이 하나 팔릴 때마다 유방암 진단 키트 하나를 기부하는 프로모션이었습니다. 처음에 굉장히 불티나게 팔렸어요. 재미도 있고 의미도 있으니 많은 사람이 몰렸죠. 그런데 어느 날 라디오 방송에서 한 유방암 전문의가 이 캠페인이 이상하고 우습다고 말해요. 그 이유로는 당시 튀김옷에 유방암 유발 물질이 들어있다는 것을 지적했어요. 그러자마자 유방암 재단 관계자, 환우회 등에서부터 KFC 보이콧 운동이 강하게 퍼집니다. 우리를 농락했다고 주장했죠. 다른 사람들도 KFC에 가기를 꺼리기 시작했습니다. 매출이 급감했고, 결국 재단과 회사가 사과하기에 이르죠. 그리고 나서야 겨우겨우 회복되기 시작했습니다. KFC의 사례에서도 볼 수 있듯이 ESG 커뮤니케이션에 있어서 좀 더 전문성 있게, 좀 더 진정성 있게 접근할 필요가 있다는 것입니다.

**박기자** 정확한 목표치를 설정하고, 그것에 기반하는 데이터를 보여주는 방식으로 해 나가는 것이 중요하겠네요.

**도현명** 그렇죠. ESG 평가 자체가 언론, 공개된 정보를 모아서 만드는 방식인데, 거기에서 참가자 만족도나 '대단하다'라는 식의 콘셉트 등 추상적이거나 애매한 정보는 빼야 합니다. 어차피 구체적이지 않은 이런 데이터는 평가에 반영되지 못합니다. 평가만 생각하더라도, 숫자와 담백한 팩트로 하나의 스토리를 잘 엮어서 활용하는 세대가 온 것이죠.

**박기자** 기업의 ESG 철학과 뒷받침하는 정확한 데이터와 목표 설정이 중요하겠네요.

**도현명** 네, 맞습니다.

# 기업 인터페이스 사례로 적용해 보는 ESG 주요 개념과 프레임

# 기업 인터페이스 사례로 적용해 보는 ESG 주요 개념과 프레임

전달하고자 하는 메시지는, ESG 경영이 하나의 독립 이벤트가 아니라 경영 전반의 전체 관점에 녹여내는 것이라는 이야기입니다. 이 사례를 소개하기에 가장 적합한 회사는 인터페이스Interface 라는 카펫 회사입니다. 아마 들어본 적 없을 것입니다. 왜냐하면, 인터페이스는 개인에게 물건을 팔기보다 기업의 오피스용 카펫을 판매하는 회사이기 때문입니다. 그러나 역사가 긴 회사로, 레이 엔더슨Ray Anderson 이라는 창업자가 이끌어왔습니다.

인터페이스가 매우 승승장구하던 시절, 영업팀에 연락 하나가 왔습니다. "당신들의 제품 생산 과정에 화학 물질이 많이 발생해 환경에 악영향을 미치고 있다."라는 비판이었습니다. 문제는 이러한 비판 내용이 고객에게도 전해져 반응하기 시작했다는 것이었습니다. 영업팀은 그제야 "제품이 환경에 미치는 영향을 알고 싶다."라는 고객의 요구에 어떤 대답을 해야 할지 찾기 시작했습니다. 이런 내용이 응대 매뉴얼에 없었기 때문입니다. 실무자가 보기에도 오염 물질을 배출하는 것이 맞는 것 같긴 하지만, 그렇다고 대답할 수는 없었으니 말이죠.

이 비판을 보고 레이 앤더슨은 큰 충격을 받았습니다. 아마 이런 비판은 인터페이스뿐 아니라 비슷한 회사 대부분에 전달되었을 것입니다. 그러나 반성한 사람은 레이 앤더슨뿐이었습니다. 그는 긴급회의를 소집하게 되는데, 이는 고객 몇 명의 클레임에 대한 반응으로는 매우 큰 대응이었습니다. 그래서 임원들은 시큰둥한 태도를 보였습니다. 그러나 레이 앤더슨은 장차 이 문제가 회사의 경쟁력을 좌우하리라 생각하고, 당장 해결법을 찾아 나서자고 주장했습니다. 레이 앤더슨은 이사회를 설득해 승인을 얻어낸 후 영업 담당자, 기술자 등 공정과 판매망에 걸친 사람을 모두 모아 해법 모색에 나섰습니다.

이때 레이 앤더슨이 제시한 하나의 방정식이 있습니다. 환경의 부정적 영향은 인구, 풍요로움, 기술의 산물이라는 폴과 에를리히의 방정식입니다.

환경영향(I) = 인구수(P) × 풍요로움(P) × 기술(T)

폴과 에를리히의 방정식은 환경영향을 좌변에 놓고, 우변에 인구수와 그들이 누리는 풍요로움과 기술을 곱합니다. 인구가 늘어나고, 이들이 풍요로운 삶을 누리고, 기술이 발전할수록 환경은 파괴된다는 것입니다. 그렇다면 기업이 할 수 있는 일은 무엇일까요? 인구 조절은 할 수 없습니다. 또 각자가 누리는 풍요가 부당하다고 말할 수도 없습니다. 그래서 단하나, 통제할 수 있는 것을 찾아냅니다. 바로 기술입니다. 그동안 기업은 지구를 파괴하고 약탈하는 주범이었다는 점에 집중하고, 향후 기업의 사활이 이를 되살려내는 데 달려있다는 것을 깨달았습니다. 그리고 이 해법의 중심에는 기술이 있다는 것입니다.

깨달음을 얻은 레이 앤더슨은 방정식의 구조 자체를 바꿨습니다.

$$\text{환경영향(I)} = \frac{\text{인구수(P)} \times \text{풍요로움(P)}}{\text{기술(T)}}$$

인구에 풍요로움과 기술을 곱하던 우변에서 기술을 분모로 보내었습니다. 즉, 인구와 풍요를 곱한 값을 기술로 나누었습니다. 기술이 발달할수록 환경의 영향이 줄어든다는 가설을 세운 것입니다. 인구와 그들이 누리는 풍요로움을 조절하지 않고 말입니다.

레이 앤더슨은 기술의 발전 방향을 그렇게 정했습니다. 그래서 이 기술에 아낌없이 투자했습니다. 이러한 접근은 당시에 흔하지 않았습니다. 카펫 기업이 발생시키는 환경오염이라고 해봤자 자동차나 건설 기업보다 심할까요? 환경문제나 ESG가 쟁점이 아니던 당시 상황에서 직접적인 타격을 크게 받지 않았던 카펫 회사가 이러한 일을 추진한 것은 매우 대단한 일이었습니다.

인터페이스는 친환경 경영에 집중하였습니다. 내구성과 비용을 저해하지 않으면서도 환경영향이 적은 소재를 찾아 나섰습니다. 그러나 그럴수록 고민은 깊어졌습니다. 이는 재빨리 해답이 나오는 문제가 아니었으니 말입니다. 레이 엔더슨은 그 당시 할 수 있는 일을 먼저 하기로 방향을 바꿨습니다. 최초로 '타일 카펫'이란 것을 만들어 낸 것입니다. 그전까지 카펫은 한 롤로 쭉 말아 판매하는 형식으로, 오염에 매우 약했지만 한 번 더러워지면 치우기 쉽지 않았습니다. 더러워졌다고 매일 교체할 수 없으니 아주 더러워질 때까지 방치되는 경우가 많고, 반대로 한쪽만 심하게 오염되어도 멀쩡한 부분까지 버리는 일이 많았습니다. 그 문제를 해결하기 위해 나온 것이 타일 카펫입니다. 물론, 카펫을 타일로 만들면 일부만 교체할 수 있으니 매우 편리하지만, 카펫의 질이 매우 올라가야 한다는 단점도 있었습니다. 또한, 매출이 줄어든다는 단점도 있었습니다. 전체를 바꾸던 롤 카펫에서 일부 타일만 교체하는 방식으로 바뀌게 되었으니 말입니다. 이 때문에 레이 앤더슨은 매우 큰 압박을 받게 되었습니다.

위 사례가 보여주듯, 진정한 ESG를 추구하기는 쉽지 않습니다. 사회나 환경문제가 존재한다는 것은 현재 상황에서 그것을 해결하기 어렵다는 것이고, 해결하기 어려운 그만한 이유가 있다는 것입니다. 그러니 혁신적 방안을 만들지 않고서는 해결하기 어렵습니다. 인터페이스 역시 새로운 타일 카펫을 만드는 것이 쉽지는 않았습니다. 한 타일만 빠지거나 뒤틀리면 보기 싫어질 수 있으므로 이 문제까지 해결해야 했습니다. 매출이 적어지는 문제는 현실적이었지만 장기적인 관점의 제시로 해결해냈습니다. 하나의 카펫을 한 번에 판매하는 것으로 생각하면 매출이 줄어드는 것이지만 교체 횟수가 늘어나니 결과적으로 매출 자체는 크게 줄어들지 않을 것이라는 가설을 내세웠습니다.

인터페이스는 이러한 논의 과정을 거쳐 타일 카펫을 론칭하는 데 성공합니다. 그리고 지금까지 전 세계 타일 카펫 시장 1위를 점유하고 있습니다.

하지만, 한 가지 문제가 다시 발생했습니다. ESG가 한 번의 게임으로 끝나는 것 아니기 때문입니다. ESG는 끊임없는 개선과 성장을 만들어 내야 합니다. 타일 카펫으로 인해 실제 매출이 크게 줄지는 않았습니다. 환경적으로 긍정적인 영향을 미치면서 매출은 크게 줄어들지 않았으니 성공으로 생각할 수 있죠. 그런데 이때 한 가지 고민이 생겼습니다. 사람들이 타일을 너무 자주 교체한다는 것입니다. 타일을 자주 교체하면서 타일 카펫을 만든 이유가 무색해졌습니다. 매출은 늘어났지만, 타일이 버려지는 양도 늘어나면 ESG 경영 원칙에는 어긋났습니다.

그래서 인터페이스는 두 번째 혁신을 만들어 냈습니다. 타일 카펫을 리스(대여) 방식으로 서비스하기 시작한 것입니다. 타일이 무분별하게 폐기되는 것을 막기 위해 타일을 교체하고 싶다면 폐기할 타일을 반납해야 한다는 식으로 서비스 제공 방법을 바꿨습니다. 소비자로서는 비용과 세금도 줄어드니 큰 호응을 얻었습니다. 환경적으로도 큰 도움이 되었습니다. 수거한 타일을 최소 분리배출하는 식으로 환경 부담을 최소화할 수 있었습니다. 리스된 타일 카펫이 깔린 호텔을 이용하는 이용객도 카펫이 훨씬 깨끗하고 쾌적하게 관리되니 만족도가 높아졌습니다. 리스는 매달 비용이 발생하니 인터페이스 입장에서도 정기적으로 수익이 났습니다. 이런 식으로 모두가 이익을 얻는 구조를 만들었습니다. 비즈니스 모델에서 ESG가 얼마나 구체적인 혁신을 이뤄내는지 잘 보여주는 사례입니다.

흔히 이러한 혁신은 연구개발 부서가 해야 할 역할이라고 생각하기 쉽습니다. '기술을 만들어 와.'라는 식으로 말입니다. 그러나 현실은 그렇지 않습니다. 혁신은 경영적 결단의 영역이므로 비즈니스 모든 과정에서의 변화가 필요합니다. 카펫을 판매하던 회사가 리스 방식으로 주 매출 구조를 바꿀 정도의 용기와 도전, 그를 밑받침하는 치밀한 계산이 필요합니다.

마지막으로 인터페이스는 소재에 대해서도 도전했습니다. 회수한 카펫을 재활용하고 있지만, 아예 처음 만들 때부터 친환경적으로 만들자는 것이었습니다. 연료 사용량이나 폐기물 배출량 감축은 당연히 함께 진행했습니다. 이 노력을 통해 최근 인터페이스는 자사 초기 모델보다 오염 물질 배출이 90% 이상 감소했다는 매우 긍정적인 결과를 만들어 냈습니다. 10% 개선과 달리 90% 개선은 엄청난 혁신의 증거입니다. 이러한 결과를 만들어 내기 위해서는 모든 공정의 세부 내용까지 확인해야 합니다. 그러지 않으면 불가능합니다. 전 세계 수십 개의 공장을 가진 회사가 이뤄내려면 정말 뼈를 깎는 노력이 필요합니다.

물론 이러한 혁신 이후 기업도 성장했습니다. 매출이 두 배 가까이 성장하며 이익률이 높아졌습니다. 왜일까요? 에너지 사용량이 줄면서 비용이 줄어든 것입니다. 새로운 소재를 사는 것이 아니고 사용했던 소재를 또 쓰는 것이기 때문입니다. 물론 초기 비용이 소요되겠지만 장기적으로 이익률이 증가하는 구조를 만들었습니다.

이렇게 인터페이스는 세계 1위의 타일 카펫 회사로 등극합니다. 여기서 한번 고민해 볼 필요가 있습니다. ESG 경영을 만들기 위해 누가 일하고 있고, 또 어떤 일을 시작하고 있나요? ESG 부서가 생겼다는 것은 나쁜 일이 아닙니다. 그러나 그 부서만 일하고 있다면 그것은 나쁜 일입니다. CEO, CFO가 관심을 가지고, 각 사업부문장이 이 점을 깨달아야 합니다. 모든 직원이 자신의 접점에서 기회를 찾고 지혜를 모아야 합니다. 과거처럼 사회공헌 담당 등 한 부서가 하는 일이 아닙니다. 모든 구성원의 협력이 꼭 필요합니다.

이 사례가 주는 교훈은 또 한 가지 있습니다. 사업 방향성이 유의미한 혁신을 만들어 내야 한다는 것입니다. 그런데 이 혁신은 어떻게 만들어질까요? 평범한 노력으로 혁신을 만들 수 있을까요? 오픈 이노베이션 방식으로 외부와 협력하든지, 하던 일을 과감하게 버리고 재편하든지 등의 혁신적인 시도만이 혁신을 만들 수가 있습니다. 이런 능동적인 변화의 추구만이 기업 경영 전체에 ESG 요소가 흐르도록 만들어줄 것입니다.

# ESG 현장 Insight

## 박선하 기자가 묻고, 도현명 대표가 답하다

**박기자** ESG 담당을 임명했다거나 ESG실이 생겼다는 보도자료를 굉장히 많이 보았습니다. 이런 담당 부서가 생기면 정말 기업의 ESG가 나아지나요?

**도현명** 물론 담당자나 팀이 없는 것보다 훨씬 낫습니다. 그러나 주의할 점은 과거 사회공헌팀이 이름만 바꾼 것처럼 해당 부서만 그 일을 한다는 것이죠. 다른 부서는 그들에게 맡겨놓고 관심이 없다는 것입니다. 사회공헌은 그렇게 했어도 진행이 되었어요. 괜찮은 사회공헌이 나올 수도 있었습니다. CSR은 그보다 고도화되었어야 했지만, CSR을 추진하는 몇 개의 부서들이 CSR을 추구하는 데 큰 어려움이 없었습니다. 그런데 ESG는 아예 불가능합니다. 실제로 고객과의 접점마다 사회 이슈는 발생하고 있으며, 그 이슈를 해결하기 위해서 기업의 모든 영역이 조금씩 개선되어야 하고, 혁신되어야 합니다. 그렇게 되려면 모든 부서가 ESG에 대해 알아야 합니다. 그러니 담당자 배정이 잘못된 일은 아니지만, 팀이나 담당자가 있다는 것은 기업 전체가 ESG 추구에 책임을 갖는 데는 오히려 방해물이 될 수 있습니다. 그러기 때문에 부서를 없애는 것이 나을 수도 있다는 것입니다. 즉, 우리가 무엇을 목표로 ESG실을 만들고,

그로부터 어떤 변화가 나왔는지가 중요하지, 실의 유무가 의미하는 것은 크지 않습니다. 조직도가 더 예쁘게 보이는 것 이상의 의미는 없죠. '실제로 실천이 있는가?', '전사적으로 ESG 경영이 성장했는가?'가 중요합니다.

**박기자** 그런데 이 ESG실이 커뮤니케이션이나 PR 담당 부서에 속해 있는 경우가 많았습니다. 우려되는 점이 있네요.

**도현명** 굳이 조직도에서 보자면 ESG실은 사실 CEO 또는 CFO 직속으로 생겨야 합니다. CFO 직속이어야 한다는 것은 투자자 대응에 있어서 ESG가 일차적으로 필요하기 때문이죠. ESG실이 조직도 아랫부분에 있다면 평가에 대응하고 투자자의 요청을 기업 내부에 반영하기 위해서 여러 가지 정책을 신설하고 조정하는 과정을 거치게 될 거예요. CEO 산하여야 한다는 것은 전체 경영에 통합시키겠다는 의지를 드러내고, 모든 부서를 아울러 적용하겠다는 관점을 가지고 있는 것으로 매우 바람직하죠. ESG실이 커뮤니케이션실 산하에 있으면 어쩔 수 없이 커뮤니케이션 측면만 강조될 우려가 큽니다. 해당 본부장님의 성과 지표는 커뮤니케이션에 집중되어있을 테니까요. 사업에 직접적인 영향을 미치기 어려워지는 거예요. 그래서 되도록 ESG실을 만들어야 한다면 CEO 또는 CFO 직속으로 만드는 것을 권장합니다. 그것이 아니라면 별도의 위원회나 TF 체계가 오히려 낫습니다.

**박기자** 국내 기업도 ESG TF를 많이 만드나요?

**도현명** 국내에 TF 체계는 많지 않고, 위원회가 많습니다. 왜냐하면, 위원회를 신설하면 그것이 G 점수에 일부 반영됩니다. 의사결정 구조를 다자간 협력 구조로 만들기 때문에 그렇습니다. 이것을 굉장히 잘하고 있는 그룹이 SK 그룹이죠. 여러 위원회가 있고, 그 위원회에 CEO들이 소속되어 협의체를 구성하고 있습니다. 그러한 접근은 훨씬 낫죠. 굳이 신설해야 한다면 위원회 방식이 훨씬 낫다고 말씀드리는 이유죠.

**박기자** ESG 환경 분야의 경우 기술을 개발하기 때문에 R&D 부서 소관인 경우도 있다고 들었습니다. 이 사례는 어떻게 보나요?

**도현명** 환경은 기술 개발 자체가 중요한 영역이긴 합니다. R&D를 통해서 결국 탄소 배출 저감 기술을 내놓는 것이니까요. 문제는 비즈니스가 기술로만 되는 것이 아닙니다. 새로운 기술을 만들었을 때 더 큰 효과를 얻으려면 고객 대응, 마케팅 등 다른 비즈니스에서도 혁신이 있어야 하는 것이죠. 또 담당자의 인사 고과 방식을 바꾸는 것이 효과적인 경우도 있습니다. 목표를 달성하기 위해서 전사적인 조정이 필요하다면 R&D 부서만의 일이 되기보다 다른 부서가 협력해서 그 목표를 공동으로 달성하는, 시너지를 낼 수 있는 방향성이 필요합니다.

**박기자** ESG 경영으로 전사적인 변화를 끌어내기 위해서는 특정 부서나 담당자를 신설하는 것이 아니라 앞서 계속 말했던 경영 철학과 연계하고, 비즈니스의 작동 방식을 바꾸는 것에 대해 깊게 고민해 봐야겠습니다.

## PART 12

**E**nvironmental
**S**ocial
**G**overnance

# 진정성보다 진지함,
# 새로운 가치 창출
# 원천으로서의 ESG

# 진정성보다 진지함, 새로운 가치 창출 원천으로서의 ESG

마지막 장에서는 ESG에 대한 오해를 풀고, 당부하고 싶은 몇 가지를 강조하려 합니다. ESG에 대한 가장 큰 오해 중 하나는 'ESG는 마법의 주문이다.'라고 생각하는 점입니다. ESG라는 이름만 붙이고 무언가를 하면 바로 잘 되리라 생각하는 사람이 있습니다. 그러나 앞서 여러 번 언급했듯이 그렇지 않습니다. 기업가치에 영향을 줄 수 있도록 매우 치밀한 계획이 필요합니다.

'ESG 점수가 높으면 주가가 오른다.' 이런 주장도 있는데, 아직 이 주장을 검증한 연구는 없습니다. 특정 요인에 대한 영향은 분석된 바 있지만 단언할 수 있는 증거는 아직 주요 연구팀에서 나오지 않았습니다. 오히려 이런 설명이 많습니다. '좋은 ESG 점수가 성과를 내는 것이 아니라, 좋은 기업이 ESG도 잘하고 주가도 오른다.'라는 것입니다. 농구를 잘하면 축구도 잘한다는 것이 아니라, 운동을 잘하는 건강한 몸과 단단한 정신력을 가진 사람이 어떤 운동이든 잘할 가능성이 많은 것입니다. 단기적인 목표를 가지고 ESG 점수만 올려 주가를 높이겠다는 생각을 한다면 발전 가능성이 없어집니다. 그렇게 되면 참 좋겠지만 그렇지도 않거니와, 좋은 평가를 받은들 그것이 정말 기업의 미래가치와 이어질까요? 일반 재무 가치 측정도 다양한 요소를 분석하여 예상할 뿐이지, 하나의 요인으로 명백한 법칙을 만들기는 어렵습니다.

대신 평가기관이 보기에 좋은 ESG를 하는 기업은 그만큼 내부 경영이 혁신에 열려 있고, 미래가치에 관심을 가지고 투자할 수 있는 기업이니 장기적으로도 성장할 수 있다는 기대를 할 수 있는 것입니다. 그러다 보니 자연스럽게 주가에도 영향을 미칠 수 있습니다. 그러니 좋은 ESG 점수가 곧 주가 상승이라는 환상에 빠지지 말길 바랍니다. 국제무대에서 활약하려면 영어를 잘해야 하지, 그저 족보를 달달 외워 토익에서 좋은 점수를 얻는 것은 큰 소용없는 것과 마찬가지인 이치입니다. 갑자기 토플로 평가 기준이 바뀐다면 그 사람은 어떻게 될까요? 점수가 아니라 기업의 수준이 높아질 수 있도록 해야 합니다.

좋은 사례가 삼성입니다. 삼성은 대부분의 ESG 평가 체계에서 높은 점수를 얻고 있습니다. 한국 정서상 받아들이기 힘들다는 이야기도 많이 듣습니다. 특히 재벌기업인 삼성의 지배구조 평가점수가 높다는 점은 받아들이기 힘들기도 합니다. 그러나 G는 단순히 지배구조만을 의미하지 않습니다. 지배구조에서는 다소 감점이 있더라도 삼성이 다른 ESG 분야를 챙기고 있으므로 그만큼의 점수가 나오는 것입니다.

두 번째 오해는 'ESG 기업의 주가가 높다.'라는 생각입니다. 이에 관한 좋은 사례가 테슬라입니다. 테슬라는 초기에 주요한 ESG 평가에서 생각보다 낮은 점수를 받아서 사람들을 의아하게 했습니다. 그런데 많은 사람은 전기차를 만들기 때문에 당연하게 ESG 점수가 높다고 생각합니다. 그런 선입견 때문에 테슬라가 모든 ESG 평가에서 높은 점수를 받아 주가가 상승하는 효과가 있다는 주장은 사실이라고 보기 어렵습니다. 여기서 잠시 설명하자면, 그렇다고 해서 테슬라가 포함된 ESG 펀드가 모두 허위라는 것은 아닙니다. 포트폴리오적 관점으로 여러 기업이 한 펀드에 들어갈 수 있고, 환경 요소가 주요한 평가 기준인 경우는 들어갈 수 있습니다. 게다가 주가가 높으니 일단 포트폴리오에 넣을 수도 있습니다. 그러나 테슬라는 사회와 의사결정 구조에서 낮은 점수를 받고 있습니다. 이러한 식으로 ESG 펀드가 테슬라를 포함하면서 좋은 주가를 형성할 수는 있지만, 이는 테슬라라는 기업의 특성이지, ESG 펀드의 특성이라고는 볼 수 없습니다.

그러므로 ESG 지수 때문에 일희일비할 필요는 없습니다. 기업의 가치와 ESG 영향에 대한 주요 가설은 네 가지나 있기 때문입니다.

첫 번째, 원래 우수한 기업이 ESG 활동과 경제 성과를 모두 잘 창출하는 경우입니다. 앞서 말한 것처럼 현재 잘나가는 회사가 ESG도 잘 챙길 수 있는 것입니다. 삼성처럼 말입니다. 그러나 이 경우는 정말 훌륭한 ESG 비즈니스를 한다고는 단언하기 힘듭니다.

두 번째, ESG 추종 펀드가 너무나 많아져서 자연스레 이들에게 돈이 몰리니 ESG 점수가 높은 회사의 가치가 올라간다는 주장입니다. 그러나 실제는 꼭 그들의 가치만 올라가는 것은 아닙니다. 테슬라의 어떤 ESG 평가는 점수가 낮더라도, 테슬라가 들어가 있는 펀드의 주가는 높은 것처럼 말입니다.

세 번째, ESG 경영이 '성공적인 리스크 관리'라는 열매를 맺은 경우입니다. 앞서 언급한 것처럼 훌륭한 이해관계자 경영으로 리스크가 줄어드니 기업의 미래가치가 높아지는 것입니다. 이에 따라서 주가도 올라갑니다. 많은 전문기관이 ESG에 대한 조언을 할 때 이 방식으로 진행하고 있습니다.

네 번째, 가장 많이 고려하는 ESG 요인을 통해 기회를 잡는 전략입니다. 즉, 기업가치를 상승시킬 전략을 세우는 것입니다. 환경을 고려하는 경영으로 매출을 올리고, 사회를 배려하는 경영으로 비용을 줄이는 식으로 말입니다. 미래가치를 상승시킬 전략을 ESG를 통해 만들면서 점점 더 좋은 기업으로 성장하는 것입니다.

이제 몇 가지 당부를 하려고 합니다. 아직 한국에서는 벌어지지 않았지만, 굉장히 중요한 이야기입니다. 기업과 활동하는 파트너십의 성격을 바꾸는 것입니다. 과거, 봉사 측면에서 소셜 벤처나 비영리단체와 연계할 때는 대기업의 입장에서 서로 호의적인 의사소통만 했을 것입니다. 그런데 ESG 경영은 그렇지 않습니다.

예를 들어, CSR로 해외 이해관계자인 개도국 농민에게 문해 교육을 한다고 가정해 봅시다. 이때 100명을 목표로 세웠는데 90명만 달성했습니다. 봉사활동이니 날씨나 현지 사정 등으로 10명이 못 왔다고 하면서 넘어갈 수 있을 것입니다. 100명을 채우지 못했지만 90명이나 교육한 것은 아주 훌륭한 일이니 말입니다. 그런데 이것이 ESG 경영이라면 문제가 됩니다.

100명에게 각각 글을 읽게 만들어 매뉴얼대로 효과적인 농업을 진행하고, 이들이 공급하는 작물로 5,000만 원의 매출을 낼 계획이었다는 시나리오가 있다고 해 봅시다. 그런데 90명만 문맹 탈출을 했다는 것은 10명분의 매출인 5억 원의 매출이 사라지게 되는 것입니다. 이것을 기업이 그냥 넘길 수는 없습니다. 그래서 최근 미국에서는 대기업과 비영리 또는 사회적기업 간의 소송이 줄을 잇고 있습니다. 비즈니스와 관계없이 호의를 베풀 때는 상관없던 일이 비즈니스와의 관계가 깊어지니 민감한 문제가 되었습니다. 이러한 경우, 과거에는 호의적으로 관계를 맺을 수 있던 소셜 벤처 등이 오히려 대기업의 협력을 거부하거나 사이가 틀어지는 경우가 있습니다. 이런 점을 염두에 두고 파트너십을 맺을 필요가 있습니다.

또 다른 주의사항이 있습니다. 한국에서는 ESG를 강의를 통해 학습합니다. 그리고 나서는 해외의 좋은 사례를 가져와 따라 하겠다고 합니다. 특히 비슷한 산업군의 사례라면 바로 베껴서 적용할 수 있다고 생각합니다. 그런데 현실은 그렇지 않습니다.

시스코 네트워킹 아카데미Cisco Networking Academy 라는 곳에서 일어난 일입니다. 시스코는 취약계층 청년에게 IT 교육을 제공하는 회사였습니다. 시스코가 가진 장비와 솔루션에 대한 교육을 제공하여 이들의 취업률을 높이겠다는 계획이었습니다. 취업을 목표로 진지한 교육을 제공하니 정말 취업률이 높아졌습니다. 특히 정부가 시행한 교육에 비해 결과가 70% 이상 좋았습니다. 이에 20년이 넘는 기간 동안 조 단위의 예산을 투입하여 교육을 진행했습니다. 다만, 이 프로젝트는 어디까지나 사회공헌으로 남아 있었습니다.

그런데 의외의 결과가 발생했습니다. 시스코 장비만 자신 있게 다룰 줄 아는 청년들이 IT 담당자로 취직을 하니, 해당 기업에서 시스코 장비만 사들이는 것입니다. 이 사실을 알게 된 시스코는 취약계층이 많은 곳으로 사업이 진출하면, 영업팀보다 네트워킹 아카데미를 먼저 보냈습니다. 청년을 먼저 키우고, 이 인력에게 자사의 장비 친화력을 높인 후 판매에 나선 것입니다. 이런 식으로 개도국에서 20년간 600만 명 이상의 교육생을 배출했고, 회사 매출도 높였습니다.

이에 코카콜라가 이 사업을 베꼈습니다. 당시 코카콜라는 멕시코 시장을 두고 펩시 Pepsi와의 치열한 경쟁을 벌이던 시점이었습니다. 코카콜라는 구멍가게에서의 매출을 높이기로 결심하고, 멕시코 국민에게 코카콜라의 청량한 이미지를 퍼뜨리기 위해 구멍가게 직원에게 영업 교육을 했습니다. 초반에는 분명한 소득이 있었습니다. 그리고 매출이 올랐습니다. 그러나 얼마 지나지 않아 매출은 급감하게 됩니다. 왜 그랬을까요? 영업 기술을 습득한 사람들이 펩시도 팔기 시작한 것입니다. 펩시가 코카콜라보다 더 저렴하게 납품했기 때문이었습니다. 코카콜라는 자사의 제품이 쉽게 대체 가능하다는 것을 알지 못했고, 잘된 프로그램을 가져오기만 한 것입니다. 이렇듯 다른 회사의 좋은 사례를 가져온다고 하여 자사에서도 성공할 수 있다는 보장은 어디에도 없습니다. 한국도 마찬가지입니다. 벤치마킹으로 ESG를 성공시킬 수는 없습니다. 면밀한 검토와 계획 없이는 성공하기 힘듭니다.

마지막 주의 사항입니다. 가끔 이런 질문을 하는 사람이 있습니다. "우리 회사는 중소기업이고, 상장사도 아닌데 왜 우리에게 이런 것을 요구하는 건가요?" 그러나 이는 잘못된 질문입니다. 이미 모든 비즈니스는 전 세계와 연결되어 있습니다. 하나의 기업이 홀로 무언가를 생산하는 일은 없습니다. 여러 조직과 협력해서 제품이나 서비스가 완성되고 있으며, 대기업에 제품을 납품한다면 더욱 그렇습니다. 최근 포스코와 LG에서는 제품을 납품하는 중소기업 또한 ESG 점수를 측정하라 했고, 80점 미만인 경우 계약 해지를 요청하기도 했습니다. 이렇게 ESG는 중소기업도 피해갈 수 없는 흐름이 되었습니다. 당장은 아니더라도 분명 밸류체인을 타고 곧 다가올 파도가 되었습니다.

마지막으로 두 가지 이야기를 나누고 마무리하겠습니다.

첫 번째는 뉴욕에서 ESG 관련 콘퍼런스에 참여했을 때의 행복했던 경험입니다. 콘퍼런스에 네슬레 회장인 피터 브라벡 Peter Brabeck 회장과 경영학의 대가인 마이클 포터 Michael Porter 교수가 참석하여 대담을 했습니다. 마이클 교수가 브라벡 회장에게 "당신 일당이 얼마입니까?"라고 물었습니다. 그러자 브라벡 회장이 웃으면서 "그걸 꼭 얘기해야 하느냐?"고 되묻다가 "한 1억 원 정도?"라고 대답했습니다. 이에 마이클 포터 교수는 "그럼 2박 3일의 콘퍼런스면 약 3억 원을 쓰면서 여기 있는 건데, 무엇을 얻고 있습니까?" 하고 다시 물었습니다. 브라벡 회장은 얼굴색을 아주 진지하게 바꾸면서 "제가 착해서 여기에 온 것이 아닙니다. 이대로라면 10년 뒤에 리더십을 빼앗길 것이라는 확신 때문에 절망적이고 절박한 마음으로 여기에 와 있습니다. 우리는 아주 진지한 자세로 포럼에 임하고 있습니다."라고 답했습니다.

가끔 사회에서 기업에 ESG와 관련한 진정성을 요구하는 경우가 있습니다. 그러나 기업은 진정성으로 움직이지 않습니다. 물론 구성원 개인은 선한 마음을 가질 수 있습니다. 그러나 기업이란 전체 조직이 진정성을 가지는 것은 너무나 어려운 일입니다. 기업에 요청해야 할 일은 무엇인가요? '진지함'입니다. 이 일을 해야만 우리 모두 함께 살 수 있다는 진지함 말입니다. 진정성은 그저 과장에 불과합니다. 기업 당사자도, 이를 지켜보는 대중도 해당 기업의 비즈니스가 나의 사업과 이해관계자를 만족시키고 있는지, 놓친 기회는 없는지 진지하게 살펴봐야 합니다.

두 번째는 약 30~40년 전 인터넷 브라우저가 처음 개발됐던 시기의 IT 분야에 대한 이야기입니다. 이때 인터넷 브라우징을 테스트하는 것을 본 잘나가던 투자자들은 모두 이렇게 말했습니다. "전화로 하면 훨씬 빠른데 누가 거기다가 타자를 치고 있어?" 그런데 지금 인터넷을 빼고 비즈니스를 말할 수 있을까요? 우리나라도 마찬가지입니다. 2008년쯤 한 대학의 저명한 교수가 아이폰을 보고 "망할 것 같다."라고 말했습니다. 이 교수는 지금도 아주 명망 있는 교수로 존경을 받고 있습니다. 하지만 당시에 아이폰을 보고 "뭐 하러 조그마한 휴대전화에 게임, 업무 툴, 달력, 메일 기능을 넣는 거야? 그냥 노트북에 전화 기능을 넣는 게 낫지."라고 말했습니다. 그런데 지금 어떻게 되고 있나요? 더 설명할 필요도 없는 변화가 우리 앞에 놓여있습니다.

이처럼 패러다임의 전환에는 오랜 시간이 걸리지 않습니다. 불과 5년 전에 '재미있어 보이네.' 하던 것들이 비즈니스의 핵심에 와 있을 것입니다.

어쩌면 'ESG도 모르고 무슨 사업을 한다고….' 하는 시기가 올지도 모릅니다. 그 시대를 준비하고, 리더십을 발휘할 조직과 개인이 되기 위해 꾸준히 ESG를 공부하고 실천하며 구체적인 성과를 만들어 내길 바랍니다.

# 박선하 기자가 묻고, 도현명 대표가 답하다

**박기자** ESG와 관련된 가장 대표적인 오해를 좀 꼽는다면 어떤 것이 있을까요?

**도현명** 제일 큰 오해는 이거죠. 'ESG 평가 점수가 높으면 주가가 오른다.' 아주 오래된 논쟁입니다. 'CSR을 잘하면, CSR 평가 점수가 높으면 주가가 오른다.', '사회공헌을 잘하면 주가가 오른다.' 사실 통계적으로 지금까지 단 한 번도 명료한 검증이 있었던 적이 없어요. 그러니까 이 이야기는 CSR이나 사회공헌, 또는 사회적인 관점에서 기업의 역할을 주장하는 조직의 바람이기도 하고, 또 연구하는 분들이 인과관계 Causality 보다는 연관성 Correlation 에 대해 연구하는 경우가 많았기 때문이기도 합니다. 근데 ESG라는 것은 그래도 특정 요인들에 대해서 구체적인 인과관계를 찾아내기 시작했다는 것입니다. 아직은 다 정리할 수 없고, 명료하게 모두 공개되지 않았지만 범주에 대한 가능성은 검증되기 시작했다는 것이죠. 그러니까 오해가 곧 현실이 될 것입니다. 하지만 평가가 잘 되어야 주가에 반영될 가능성도 클 거예요. 그러니까 "모든 평가가 ESG 주가에 대해 예언하고 있는 것은 절대 아니다." 이렇게 말씀드릴 수 있죠. 이 오해가 빨리 없어져야 '평가가 매우 중요하다.'라는 사실이 조금 더 약화될 것으로 생각해요.

박기자　그런데 반대로 생각해 보면 그런 동력이 없으면 기업들이 조금 소극적으로 돌아서지 않을까요?

도현명　그래서 '평가가 결국 주가로 연결된다.'가 현실이 되면 좋겠어요. 그런데 이러한 방향성이 평가를 막 받은 기업에 오히려 '뭐지? 평가 점수는 잘 나왔는데 왜 이렇게 주가가 안 올라?'라는 실망으로 이어질까 걱정됩니다. 그래서 기업에는 'ESG를 잘하면 평가와 상관없이 결국에는 잘 될 겁니다.'라는 식의 설명이 훨씬 더 유효하다고 생각합니다. '영어를 잘하면 결국에는 너는 자유롭게 해외를 여행 다니고, 행복하게 글로벌 시민으로 살아갈 거야.'라는 설명이 맞는 거지, '토익을 잘 보면 글로벌 시민이 될 거야.'라고 설명하는 것은 오해가 있다는 것이죠. 이 평가가 중요하지 않은 것은 아닙니다. 다만, 중요한 중간 단계이기는 한데 평가에만 방점을 두는 구조는 조금 벗어나야 한다는 생각이죠.

박기자　이런 오해가 기업뿐만 아니라 ESG 이름을 걸고 만들어지는 투자 파생 상품 등에도 있는 것 같습니다. 그 부분도 설명을 좀 해 주세요.

도현명　평가 점수를 실제로 스크리닝하는 데 사용하거나 설렉팅하는 데 사용하는 경우가 굉장히 위험합니다. 어떻게 평가 점수만 고려하겠습니까? 평가 점수도 하나의 정보로 포함될 뿐이죠. 원래 투자를 할 때는 기업의 현금흐름, 자산 크기, 신사업에 대한 계획 등 여러 가지를 검토하는데, 해당 정보에는 환경, 사회, 의사결정 구조에 관한 내용이 없었던 것이죠. 그래서 평가 점수를 변수로 추가하는 것입니다. 그러니 평가 점수만 보고 판단하는 것은 더 위험한 거죠. 전반적인 흐름에 있어 안정적인 프로토콜이 무엇인지 결정해야 하는데, 요즘 우리나라에서는 ESG가 유행하다 보니 자꾸 ESG만 너무 강조된, 실제로는 그렇게 반영하지 않은 것 같은데 ESG만 강조되어 있는 펀드나 상품이 만들어지고 있는 것 같아요. 여기에 대해서는 오히려 ESG 투자 파생 상품을 사용하려는 사람이나 이용하려는 기업이 좀 더 주의를 기울일 필요가 있습니다.

**박기자** 유행이라는 단어를 사용하셨는데요. 마지막으로 ESG가 단순한 트렌드가 될 것인지, 아니면 정말 1강에서 말씀하신 대로 패러다임 전환으로 이어질 것인지에 대해 대표님의 의견은 어떠신가요?

**도현명** ESG라는 단어는 없어질 수도 있습니다. 왜냐하면, ESG라는 것이 지금 너무나 빠르게 소모되기 시작했거든요. 그런데 여기서 장담할 수 있는 것은 무엇이냐면, ESG의 현재 패러다임 시프트가 의미하고 있는 '환경, 사회, 의사결정 구조에 더 나은 것이 더 좋은 기업가치를 만들어 낸다.'라는 방향성은 바뀌지 않을 것입니다. 이것은 경영 환경 전체를 바꿔놓는 접근이고, 실제로 그렇게 되어가고 있습니다. 그렇게 하지 않으면 사회가 지탱할 수 없는 지경에 이르니까요.

그러므로 저는 ESG는 사라져도 이 정신과 지향은 남을 것이라고 봅니다. 그러니 ESG라는 개념을 쫓지 말고 'ESG', 'CSR', 'CSV',

'지속가능경영'이라는 큰 틀에서의 방향성이 무엇을 의미하고 있는가를 고민해야 합니다. 수익 중심으로 접근해 온 가장 보수적인 금융기관이 ESG가 기업가치에 영향을 준다고 인정하기 시작했어요. 이 전환점을 잘 기억하고, 미래를 그려야 한다고 생각합니다. 절대로 이 흐름은 바뀌지 않습니다. 만일 ESG라는 단어가 없어지더라도 말이죠.

시험을 보듯이 ESG의 원칙을 달달 외우고, 성적을 받듯이 지표를 따지는 것이 아니라 환경, 사회, 지배구조 측면에서 건전한 기업만이 살아남을 수 있음을 받아들이는 것이 필요한 시점입니다. 단어의 유행은 사라지더라도 사회와 공존하고, 사회 속에서 인정받는 기업만이 살아남을 수 있는 시대가 왔다는 점을 우리 모두 기억할 필요가 있겠습니다.

# 현장 사례로 알아보는
# ESG 비즈니스

2022년 3월 초판 1쇄

**지은이** 도현명

**기획** 김령희
**디자인** 강소연, 이일지
**펴낸곳** (주)넷마루

**주소** 08380 서울시 구로구 디지털로33길 27, 삼성IT밸리 806호
**전화** 02-597-2342 **이메일** contents@netmaru.net
**출판등록** 제 25100-2018-000009호

ISBN 979-11-972099-5-6 (03320)